中国大城市发展创新经济研究

——以江苏扬州为例

陈广桂 潘锦全 蒋丽 著

哈尔滨出版社
HARBIN PUBLISHING HOUSE

图书在版编目（CIP）数据

中国大城市发展创新经济研究：以江苏扬州为例 / 陈广桂，潘锦全，蒋丽著． — 哈尔滨：哈尔滨出版社，2021.1
 ISBN 978-7-5484-5718-3

Ⅰ．①中… Ⅱ．①陈…②潘…③蒋… Ⅲ．①大城市－城市经济－经济发展－中国 Ⅳ．① F299.2

中国版本图书馆 CIP 数据核字（2020）第 266609 号

书　　名：中国大城市发展创新经济研究——以江苏扬州为例
ZHONGGUO DACHENGSHI FAZHAN CHUANGXIN JINGJI YANJIU ——YI JIANGSU YANGZHOU WEILI

作　　者：陈广桂　潘锦全　蒋　丽　著
责任编辑：韩金华
责任审校：李　战
封面设计：树上微出版

出版发行：哈尔滨出版社（Harbin Publishing House）
社　　址：哈尔滨市松北区世坤路 738 号 9 号楼　　邮编：150028
经　　销：全国新华书店
印　　刷：武汉市金港彩印有限公司
网　　址：www.hrbcbs.com　　www.mifengniao.com
E-mail：hrbcbs@yeah.net
编辑版权热线：（0451）87900271　87900272
销售热线：（0451）87900202　87900203

开　　本：880mm×1230mm　1/32　印张：8　字数：160 千字
版　　次：2021 年 1 月第 1 版
印　　次：2021 年 1 月第 1 次印刷
书　　号：ISBN 978-7-5484-5718-3
定　　价：68.00 元

凡购本社图书发现印装错误，请与本社印制部联系调换。
服务热线：（0451）87900278

目 录

引 言 1

1. 创新与创新经济 6

   1.1 创新 6

      1.1.1 创新的定义 6

      1.1.2 创新概念的提出 7

      1.1.3 创新思维 9

      1.1.4 创新思维原理 12

   1.2 创新经济 15

      1.2.1 什么是创新经济 15

      1.2.2 世界创新经济现状 16

      1.2.3 中国的创新经济现状 17

      1.2.4 创新经济的前提 18

   1.3 创新经济的要素支撑 20

      1.3.1 产业要素 21

— I —

1.3.2 人才要素 22

　　1.3.3 资金要素 24

　　1.3.4 载体要素 25

　　1.3.5 创新环境 26

　1.4 创新的实现途径 29

　　1.4.1 知识创新 29

　　1.4.2 科技创新 30

　　1.4.3 制度创新 33

　1.5 创新学派 36

　　1.5.1 创新学 36

　　1.5.2 熊彼特创新理论 36

　　1.5.3 熊彼特创新四长波理论 40

　　1.5.4 德鲁克创新理论 40

　　1.5.5 其他人的创新理论 43

　1.6 创新力研究 48

　　1.6.1 什么是创新力 48

　　1.6.2 创新力的分类与衡量 49

2. 中外大城市的创新经济 53

　2.1 中国城市创新经济 53

2.1.1 中国的城市状况 53

　　2.1.2 中国城市的创新状况 61

2.2 中国大城市创新困境 68

　　2.2.1 规模困境 68

　　2.2.2 人才困境 70

　　2.2.3 财力困境 72

2.3 发达国家地区的大城市创新经济状况 73

　　2.3.1 美国的大城市创新经济 73

　　2.3.2 日本的大城市创新经济 82

　　2.3.3 英国的大城市创新经济 88

3. 双链融合——大城市经济发展弯道超车 93

3.1 基本内涵 93

　　3.1.1 产业链 93

　　3.1.2 创新链 100

　　3.1.3 产业链和创新链的"双链融合" 102

3.2 双链融合的逻辑与模式 103

　　3.2.1 双链融合的主要逻辑 104

　　3.2.2 双链融合的基本模式 105

3.3 双链融合发展的动向和趋势 108

4. 大城市双链融合经济的实践案例剖析 113

4.1 宏观案例 113

4.1.1 创新型产业集群：美国硅谷 113

4.1.2 产城融合：苏州工业园区 116

4.1.3 产业生态圈：天府成都 119

4.1.4 科创名城：扬州 122

4.2 微观案例 128

4.2.1 产业链为发力点：无人机 128

4.2.2 创新链为发力点：3D打印 131

4.3 经验总结 134

5. 大城市（扬州）双链融合发展的现状、成效、问题与劣势 136

5.1 扬州的产业现状 137

5.2 扬州市双链融合发展的现状 145

5.2.1 围绕产业链融合创新链 145

5.2.2 围绕创新链融合产业链 160

5.3 扬州市双链融合带来的主要成效 163

5.4 扬州市双链融合发展存在的问题 175

5.5 扬州创新经济的具体劣势 179

6. 大城市（扬州）双链融合发展的总体思路与具体举措 183

6.1 总体思路 183
6.1.1 指导思想 183
6.1.2 基本任务 184
6.1.3 基本原则 185
6.1.4 发展目标 187

6.2 具体举措 189

7. 大城市（扬州）推动双链融合发展的实施路径 197

7.1 实施创新驱动的路径 197
7.1.1 迈克尔·波特 197
7.1.2 波特创新驱动理论 202
7.1.3 波特理论下的创新驱动路径 204

7.2 结合扬州看大城市双链融合驱动路径 205
7.2.1 全力布局产业及创新链条 205
7.2.2 产业集群个性化要素供给 206
7.2.3 创新主体资源优化再配置 215
7.2.4 创新双链融合模块化管理 220
7.2.5 构建多维度制度保障体系 222

8. 结论和对大城市（扬州）推动双链融合发展的政策建议 ... 227

8.1 创新规划机制，争取政策红利 ... 227

8.2 强调专项管理，统筹融合工作 ... 228

8.3 调整财政投入，制定扶持政策 ... 228

8.4 突出市场导向，推进竞争改革 ... 229

8.5 加强生态建设，打造集约融合 ... 230

8.6 严控城市房价，降低产业和创新成本 ... 230

8.7 提高财政支出项目效率，降低行政成本 ... 232

8.8 加大体制改革力度，提高经济自由度 ... 233

8.9 进行融合引导，搭建专业性研发创新平台 ... 234

创新生态附表 ... 236

引 言

当今世界产业的竞争已经开始跳出产业层面，进入了创新层面。一个国家创新程度的高低必然地决定着产业的高度以及各国在产业竞争合作中的地位，是引领还是模仿。截至2018年底，中国的GDP虽然仅仅为美国的70%不到，但美国的第二产业却仅仅为中国第二产业的70%。中国制造业大国的地位和中国的产业创新程度息息相关。世界知识产权组织总干事弗朗西斯·高锐对中国的创新经济一直不吝溢美之词，这源于该组织发布的2018"全球创新指数报告"（GII）。报告显示，在2018年的创新指数排行榜上，中国从2017年的第22位升至第17位，中国已跻身知识性产业发展最具活力的国家行列。

在2018年的创新指数排行榜上，瑞士蝉联榜首，其后分别是荷兰、瑞典、英国、新加坡、美国、芬兰、丹麦、德国以及爱尔兰；第11位至第20位分别为以色列、韩国、日本、中国香港、卢森堡、法国、中国、加拿大、挪威及澳大利亚（如图0-1）。

在全球创新指数评估中，"创新质量"是顶层指标，审查的是高校水平、科学出版物和国际专利申请量。此外，指数评估还与科研管理、高等教育入学率、创新贷款难易程度、企业培训和外国直接投资等指标相关。世界知识产权组织的报告表明，中国在2017年后就已成为《专利合作条约》框架下国际专利申请的第二大来源国，仅排在美国之后。

1	Switzerland (Number 1 in 2017)	11	Israel (17)
2	Netherlands (3)	12	Korea, Republic of (11)
3	Sweden (2)	13	Japan (14)
4	United Kingdom (5)	14	Hong Kong (China)(16)
5	Singapore (7)	15	Luxembourg (12)
6	United States of America (4)	16	France (15)
7	Finland (8)	17	China (22)
8	Denmark (6)	18	Canada (18)
9	Germany (9)	19	Norway (19)
10	Ireland (10)	20	Australia (23)

(In parenthesis are the 2017 rankings)

图 1 2018 年度世界创新指数排行榜前 20 名的国家或地区

强大的创新驱动力支撑着中国世界制造业大国的地位，这一点已经在全国上下达成了共识。把产业和创新相结合，在不断的技术创新中提升产业竞争力是我国的一项国策，每个省市都在这个问题上下功夫。就全国来看，十九大报告中习近平总书记提出了"加快建设创新型国家"这一伟大号召，做出了"我国经济已由高速增长阶段转向高质量发展阶段，正处在转变发展方式、优化经济结构、转换增长动力的攻关期，建设现代化经济体系是跨越关口的迫切要求和我国发展的战略目标"的伟大判断。相应地，上海提出了"建设全球科技创新中心"的具体目标：计划在 2020 年前，上海的研究与试验发展（R&D）经费支出占全市地区生产总值比例超过 3.8%；战略性新兴产业增加值占全市地区生产总值的比重提高到 20% 左右；到 2030 年，着力形成具有全球影响力的科技创新中心的核心功能。深圳则提出了"建设创新之都"的目标。到

2020年，深圳基本建成现代化国际化创新型城市；到2030年，把深圳建成可持续发展的全球创新之都。安徽合肥提出了建设"综合性国家科学中心"的目标。合肥计划到2020年，基本建成合肥综合性国家科学中心，大科学装置建设取得突破，原创性成果不断涌现，基本建成合肥综合性国家科学中心制度体系。到2030年，建成国际一流水平、向国内外开放的综合性国家科学中心。武汉作为中国创新指数仅次于深圳的城市（2015年中国十大创新城市排名深圳、武汉、苏州、杭州、北京、广州、成都、上海、天津、重庆），早在2016年就开始提出了建设创新城市的目标，每年都在创新经济上舍得投入大本钱。武汉高新区、武汉光谷等已经是世界创新经济的城市名片。

江苏省委书记娄勤俭在全省科学技术奖励大会暨科技创新工作会议（2018年8月29日）上的讲话中再次明确强调江苏必须"全面深化科技体制改革"，提出"江苏要紧扣高质量发展走在全国前列目标，立足新时代社会主要矛盾变化和经济社会发展重大需求，紧跟世界科技革命和产业变革趋势，以供给侧结构性改革为主线，坚持围绕产业链部署创新链、围绕创新链培育产业链，全面深化科技体制改革，着力深挖科技资源潜力，着力增强原始创新能力，着力提升产业技术实力，着力激发创新主体活力，努力实现关键核心技术自主可控，确保科技创新走在全国前列。"在江苏省委的布置下，南京提出了"建设全球影响力创新名城"的战略定位；苏州作为中国创新程度前五、江苏省创新指数最高的城市则提出了创新驱动战略，以"苏州工业园、苏州高新区为主载体"，以"人才、院所、项目、金融为支撑"打造科创新苏州。扬州则适时提出了建设"科创名城"计划。

　　扬州提出建设"科创名城"并不是拍脑袋、赶时髦的决策。"科创名城"的建设在扬州还是有着很扎实的基础的。扬州自古就是一个很具有创新精神的城市，木雕玉器、绘画建筑等扬州的传统文化中无不闪烁着创新精神的光辉。早在2013年，扬州就成了全国57个国家创新型试点城市之一，2016年又被认定为首个国家小微企业创业创新基地城市示范。围绕着"科创名城"建设，扬州市委市政府出台了《关于加快推进新兴科创名城建设的工作意见》《关于加快"三大创新板块"建设的意见》《关于推进科技创新工程建设创新型城市的意见》等十多个重要文件。从顶层设计上就很重视创新定位问题。

　　借鉴了生态圈理论，扬州市在电子信息制造业"十三五"发展规划中明确提出打造"一中心、三基地、四板块"产业生态圈，推动新技术、新产品的融合应用与产业创新发展，实现优势互补、链条互补、资源互补。江苏省建筑工程集团第四个区域总部基地项目落户邗江区，将借助扬州市得天独厚的建筑业产业基础，依托绿地集团、江苏省建的研发优势，构建成为以智慧市政与绿色建造技术为代表的产业生态圈。而在涉及产业（产品）、创新（研发）的融合应用生态上，要想引导全市包括先进制造业和建筑业在内的产业圈，实现如生态平衡、生态循环一般的良性、系统发展，须回归生态圈内支撑自然运作规律的着力点——产业、创新及其链条，探索推进两者在理念和方式等内容上的契合。加快推动扬州

引 言

市创新链与产业链深度融合发展,是扬州市委市政府做出的重大决策部署,是"十四五"时期扬州市聚焦新一轮产业和科技革命机遇、城市竞争和转型发展的重要战略举措,对重塑全市产业发展新动能、提升区域核心竞争力、加快推进新兴科创名城建设等具有战略意义。

产业和创新往往在一个区域的经济建设和发展动力中扮演着重要角色。扬州市整体形成以"汽车及零部件、高端装备、新型电力装备"等3个千亿级先进制造业为主的八大产业集群,多项衡量科技投入力度、产出成果的数据指标(如R&D经费占GDP比重和高新技术产业产值)保持着逐年增长的趋势,整体产业支撑力度和创新支持力度对全市经济持续健康快速发展至关重要,成为扬州建设"新型科创名城"征程上的主要动力。在"十四五"重要历史性窗口时期探索扬州市创新链和产业链如何在上中下游的关键环节深度融合,引导产业体系加快供给侧结构性改革,破解科技创新中的"孤岛现象",对建设"强富美高"新扬州、开启现代化新征程而言具有重要的现实意义。

本书写作中得到了扬州市发改委的大力支持,得到了程兆君、王峰、徐飞、赵鼎先生等的大力帮助,纽约大学研究生陈云岳也提供了数据支持,在此一并表示感谢!

陈广桂

2021年1月8日于扬州

1. 创新与创新经济

1.1 创新

1.1.1 创新的定义

创新是一个古汉语词汇,也叫"刱新",本意是指首先创立或创造新的事物。出自《南史·后妃传上》:"仲子非鲁惠公元嫡,尚得考别宫。今贵妃盖天秩之崇班,理应创新。"现代"创新"一词的运用,起源于拉丁语。

汉语"创新"的使用,源自 20 世纪 60 年代日语对英语"Innovation"的翻译。拉丁语的"创新"原本有三层含义:1. 更新;2. 创造新的东西;3. 发生了改变。

现在理论界对创新所下的定义有很多种,粗略统计数量不在百种之下。创新的众多定义中,主要也就是两大类,一类是"创新过程说",把创新界定为一个动作的持续过程;第二类则是"创新成果说",把创新界定为一系列行为的与众不同、前所未有的最终结果。

理论界主流对于创新的定义为:创新是以新思维、新发明和新描述为特征的一个概念化过程,是在经济和社会领域内生产、同化、开发一种增值新产品;更新和扩大产品、服务的市场;发展新的生产方法;建立新的管理制度。这个定义也就是说,创新既是一个过程,也是一个结果,也是本研究的创新界定。

在主流界定下,创新是指以现有的思维模式提出有别于常规或常人思路的见解为导向,利用现有的知识和物质,在特定的环境中,本着理想化需要或为满足社会需求,而改进或创造新的事物、方法、元素、路径、环境,并能获得一定有益效果的行为。

可见,创新是人类特有的认识能力和实践能力,是人类主观能动性的高级表现,是推动国家进步和社会发展的不竭动力。而一个国家要想走在时代前列,就一刻也不能没有创新思维,一刻也不能停止各种创新,必须创新引领、引领创新。创新在经济、技术、社会学以及建筑学等领域中的研究尤其有必要。

与此同时,创新也是利用已存在的资源、要素创造新事物的一种手段。从本质上说,创新是人类创新思维的外化、物化、形式化。

1.1.2 创新概念的提出

创新作为一种人类的特有活动,无时无刻不在发生。当然,研究发现,有些动物也开始具有了部分活动创新,比如乌鸦能够借助石子来抬高水位,喝掉瓶里的水;亚马孙地区的一种水鸟能够借助泡沫、树叶、虫子来引诱水里的鱼现身水面,乘机诱捕;印尼丛林里的猿类也已经具备了在紧急情况下使用木棍的技巧。人类的创新能力是很强的,短短几千年,人类从燧木取火、茹毛饮血发展到开矿冶炼、信息技术、认识宇宙,等等,一切创新变化让人眼花缭乱、应接不暇。20世纪80年代我们觉得黑白电视机很是神奇，90年代就已经是大尺寸彩电横行，新世纪手机居然淘汰了电视机，21世纪10年代手机居然成了办公、购物、存储、支付等线上生活的综合平台。

人类第一次意识到创新在起作用是20世纪初期，美籍奥地利经济学家约瑟夫·熊彼特在1912年出版的《经济发展理论》中第一次提出了"创新"的概念，并对创新进行了系统研究。熊彼特在其著作中提出：创新是指把一种新的生产要素和生产条件的"新结合"引入生产体系。熊彼特认为创新包括五种情况：引入一种新产品；引入一种新的生产方法；开辟一个新的市场；获得原材料或半成品的一种新的供应来源；实现企业的重新组织。

约瑟夫·熊彼特（1883—1950），奥地利人，后加入美国国籍。曾在哈佛大学任教。熊彼特跟同时代英国的凯恩斯可谓是一时瑜亮。凯恩斯的成就是在宏观经济学上，熊彼特更辉煌的成就是在发展经济学上。熊彼特的创新概念包含的范围很广，涉及技术性变化的创新及非技术性变化的组织创新，是利用已存在的自然资源或社会要素创造新的事物的人类行为，或者可以认为是对旧有的一切事物进行替代、覆盖。

熊彼特很欣赏日本文化，在20世纪30年代初期专门去日本进行过三次关于"创新理论"的演讲。熊彼特的演讲效果相当好，以致在日本出现了大量的熊彼特粉丝，其中不少是日本的经济学者、经济学家，这些人对熊彼特的理论在日本的战前战后传输起到了很大的作用。这也使日本的创新精神在亚洲相当强大。

熊彼特也因此被誉为"创新理论鼻祖"（见图 1-1）。

图 1-1 约瑟夫·阿洛伊斯·熊彼特

1.1.3 创新思维

创新思维是指以一种前所未有的新方法去解决问题的思维过程。这种思维能使人突破常规思维的界限，以超常规甚至逆常规的方法、视角去思考问题，提出与众不同的解决方案，从而产生新颖的、独到的、有社会意义的思维成果。

从认识的角度来说，创新思维就是更有广度、深度地观察和思考世界；从实践的角度说，创新思维就是能将这种新认识作为一种日常习惯贯穿于具体的实践活动中。

创新思维的本质在于"新"，也就是要站在新的角度、用新的思考方法来解决现有的问题。

创新思维有四个基本类型：

第一，差异性创新思维。这是一种立足于对参照物进行局部改动，使之和参照物产生局部性差异的思维方式。这种思维方式，在创新思维里面是最常见的。差异性创新思维一般不会带来很大的变化，能够保持主体的稳定发展，产生的创新也最容易被受众接受。

第二，探索式创新思维。这是一种没有参照物的创新，一切都如盲人摸象般在黑暗中探索前进。或者如同在白纸上作画，一切都是从头开始。探索式创新思维，每一个举动都充满着创新性，都是前所未有的。所以，这种创新思维的创新性是相当强的，创新指数相当高。但由于前所未有，所以，创新成果的成功概率比较小。

第三，优化式创新思维。这种创新类似于差异性创新思维，但跟差异性创新思维又有所不同。优化式创新是在对参照物进行充分研究的基础上，专门针对参照物的缺点进行创新式寻求改变，希冀经过创新产生的新事物能够弥补旧的参照物的缺点，实现一种功能优化，而不仅仅是局部的差异性改变。

第四，否定型创新思维。这是一种建立在对参照系大面积否定基础之上的创新，甚至都很少有否定基础之上的继承和肯定。从辩证法的角度说，认识方法包括肯定和否定两个方面，因此也就包括肯定之肯定与否定之否定。前者是从认同到进一步认同的过程，而后者是一种不断在否定中实现肯定的认识阶段。所以否定型创新从这个角度来说就是一种不断地"怀疑"，不断地"否定"，最终实现暂时性的肯定型创新。

否定型创新思维，基础是马克思主义认识论三大定律中的"否定之否定"定律。这种思维模式和在中国有几千年历史的"肯定思维"虽然最终结果是一致的,但思维方式完全相反。否定型思维更会导致逆反,创新程度高;而肯定型思维不会导致社会充斥着太多"戾气""叛逆",所以社会发展会很稳定,创新程度较低。中国两千多年帝制封建社会结构超稳定,没有资本主义诞生,更没有现代的科学技术发明,跟肯定型思维有很大关系。

创新思维是指人们为了发展需要,运用已知的信息和条件,突破常规,发现或产生某种新颖、独特的有价值的新事物、新思想的活动。

创新思维的结果是突破,即突破旧的思维定式,旧的常规戒律。创新思维活动的核心是"新",它或者是产品的结构、性能和外部特征的变革,或者是造型设计、内容的表现形式和手段的创造,或者是内容的丰富和完善。

创新思维大致可以分为以下五种思维模式:

1. 相似联想。在知识库中搜索相似物或者相似事件,争取获得突破。

2. 发散思维。发挥头脑风暴,进行无限制发散,争取找到突破的耦合点。

3. 逆向思维。就是正着走走不通,倒过来取反思、反推、反寻。

4. 侧向思维。在正向走不通,逆向还是走不通时,就会侧向搜寻答案,或许能找到解答。

5. 动态思维。就是要用一种动态观去看问题的答案,切忌刻舟求剑看问题。

1.1.4 创新思维原理

个体的创新思维大致遵从以下原理。

1. 综合原理

综合是在分析各个构成要素基本性质的基础上，综合其可取的部分，使综合后所形成的整体具有优化的特点和创新的特征。

2. 组合原理

这是将两种或两种以上的学说、技术、产品的一部分或全部进行适当叠加和组合，用以形成新学说、新技术、新产品的创新原理。组合既可以是自然组合，也可以是人工组合。在自然界和人类社会中，组合现象是非常普遍的。

爱因斯坦曾说："组合作用似乎是创造性思维的本质特征。"组合创新的机会是无穷的。有人统计了20世纪以来的480项重大创造发明成果，经分析发现三四十年代是突破型成果为主而组合型成果为辅；五六十年代两者大致相当；从80年代起，则组合型成果占据主导地位。这说明组合原理已成为创新的主要方式之一。

3. 分离原理

分离原理是对某一创新对象进行科学的分解和离散，使主要问题从复杂现象中暴露出来，从而理清创造者的思路，便于抓住主要矛盾。分离原理在发明创新过程中，提倡将事物打破并分解，它鼓励人们在发明创造过程中，冲破事物原有面貌的限制，将研究对象予以分离，创造出全新的概念和全新的产品。如隐形眼镜是眼镜架和镜片分离后的新产品。

4. 还原原理

还原原理要求我们要善于透过现象看本质，在创新过程中，能回到设计对象的起点，抓住问题的原点，将最主要的功能抽取出来并集中精力研究其实现的手段和方法，以取得创新的最佳成果。任何发明和革新都有其创新的原点。创新的原点是唯一的，寻根溯源找到创新原点，再从创新原点出发去寻找各种解决问题的途径，用新的思想、新的技术、新的方法重新创造该事物，从本原上面去解决问题，这就是还原原理的精髓所在。

5. 移植原理

这是把一个研究对象的概念、原理和方法运用于另一个研究对象并取得创新成果的创新原理。"他山之石，可以攻玉"就是该原理能动性的真实写照。移植原理的实质是借用已有的创新成果进行创新目标的再创造。

创新活动中的移植重点不同，可以是沿着不同物质层次的"纵向移植"；也可以是在同一物质层次内不同形态间的"横向移植"；还可以是把多种物质层次的概念、原理和方法综合引入同一创新领域中的"综合移植"。新的科学创造和新的技术发明层出不穷。其中有许多创新是运用移植原理取得的。

6. 换元原理

换元原理是指创造者在创新过程中采用替换或代换的思想或手法，使创新活动内容不断展开、研究不断深入的原理。通常指在发明创新过程中，设计者可以有目的、有意义地去寻找替代物，如果能找到性能更好、价格更低的替代品，这本身就是一种创新。

7. 迂回原理

迂回原理很有实用性。创新在很多情况下,会遇到许多暂时无法解决的问题。迂回原理鼓励人们开动脑筋、另辟蹊径。不妨暂停在某个难点的僵持状态上,转而进入下步行动或进入另外的行动,带着创新活动中的这个未知数,继续探索创新问题,不要钻牛角尖、走死胡同。因为有时通过解决侧面问题或外围问题以及后续问题,可能会使原来的未知问题迎刃而解。

8. 逆反原理

逆反原理首先要求人们敢于并善于打破头脑中常规思维模式的束缚,对已有的理论方法、科学技术、产品实物持怀疑态度,从相反的思维方向去分析、去思索,去探求新的发明创造。实际上,任何事物都有着正反两个方面,这两个方面同时相互依存于一个共同体。人们在认识事物的过程中,习惯于从显而易见的正面去考虑问题,因而阻塞了自己的思路。如果能有意识、有目的地与传统思维方法"背道而驰",往往能得到极好的创新成果。

9. 强化原理

强化就是对创新对象进行精炼、压缩或聚焦,以获得创新的成果。强化原理是指在创新活动中,通过各种强化手段,使创新对象提高质量、改善性能、延长寿命、增加用途。或产品体积的缩小、重量的减轻、功能的强化。

10. 群体原理

成立各种创新小组就是一种群体原理的运用。

科学的发展,使创新越来越需要发挥群体智慧,才能有所建树。早期的创新多是依靠个人的智慧和知识来完成的，但随着科学技术的进步，要想"单枪匹马、独闯天下"，去完成像人造卫星、宇宙飞船、空间试验室和海底实验室等大型高科技项目的开发设计工作，是不可能的。这就需要创造者们能够摆脱狭窄的专业知识范围的束缚，依靠群体智慧的力量、依靠科学技术的交叉渗透，使创新活动从个体劳动的圈子中解放出来，焕发出更大的活力。

在创新活动中，创新原理是运用创造性思维，分析问题和解决问题的出发点，也是人们使用何种创造方法、采用何种创造手段的凭据。因此，掌握创新原理，是人们能否取得创新成果的先决条件。但创新原理不是治人百病的"万应灵丹"，不能指望在浅涉创新原理之后，就能对创新方法了如指掌并使用自如、就能解决创新的任何问题。只有在深入学习并深刻理解创造原理的基础上，人们才有可能有效地掌握创新方法，也才有可能成功地开展创新活动。

1.2 创新经济

1.2.1 什么是创新经济

创新经济是指通过生产要素的创新，实现经济增长的方式。创新经济也叫创新驱动经济，致力于创新驱动的经济战略就是创新驱动战略。国家层面的"创新驱动"首次被提出是在 2012 年的十八大报告中，在这之后习近平总书记多次在各种场合提出创新驱动经济发展的相关理念，造就了十八大以来我国创新经济的蓬勃发展。

创新经济在本质上是一种基于创新带来生产函数的改变，进而实现增长的经济模式。和传统经济相区别，创新经济的特点是高科技、低能耗、低物耗、低环耗、低劳耗的"四低一高"式生产方式。也就是科技含量高，同时能源消耗、资源消耗、环境损耗、劳动消耗比较少的生产函数。

日常生活中的创新有很多种，有些跟生产有关系，使得生产过程更加简洁简便，生产效率变得更高，生产出来的产品品质变得更好。这种类型的创新，就是我们所说的经济创新。与此同时，还存在着一些与生产无关的创新，如观念、理念、艺术等方面的创新。也有一些创新，改变了生产函数，使得产品性能、品质等得到改变，但生产函数的效用为负或者提升不大，这种创新大多不会产生很大的经济效益。典型的就是把碗口从圆形改变成椭圆形，甚至是方形的。

在激烈的市场竞争下，创新对于个体生产者、企业的重要性可以用亨利·福特的一句名言来概括——"不创新，就灭亡"！或者如托马斯·彼得斯所说"要么创新，要么死亡"！

1.2.2 世界创新经济现状

当今世界，经济增长早就进入了创新驱动的阶段。二战以来，美国经济一直引领世界经济的发展，其根本原因就在于美国经济能够持续不断地向世界输出创新的成果。受到美国创新经济的影响，日本、韩国等国家也纷纷接受创新并继续推动世界创新经济的深度发展。

美国经济基本上每过一个20年都会产生一批新的科技创

新公司，引领世界科技发展。而最近几十年以来，世界最具有创新力的公司，基本都是美国的公司，很少有其他国家的公司能进入TOP50。至于世界创新力TOP10的大公司，很多年份里都是被美国包揽，到20世纪90年代后，偶有日本或者韩国的个别公司闯入，但不久又退出，主体上的绝大多数依旧是美国的大公司。

2018年，普华永道发布的全球创新公司1000强中的前十位，分别为苹果公司、亚马逊、Alphabet、微软、特斯拉、三星电子、Facebook、通用电气、英特尔、Netflix。这个TOP10的榜单中，竟然有9家都是美国公司，只有1家是韩国公司。

与此同时，根据美国世界创新研究院的测度，20世纪80年代以来，创新对于世界经济增长的贡献度高达70%，正是由于创新的存在，为世界经济增长提供着源源不断的动力。

当今世界经济的本质特征就是创新引领和创新驱动！

1.2.3 中国的创新经济现状

新中国成立后，中国在吸收苏联为主的社会主义国家的科技扩散的基础上，开始了新中国的科技驱动的道路。新中国的前10年，科技作用明显，发展极其迅速。20世纪60年代后苏联开始对新中国进行科技封锁，中国被迫开始走上了一条科技自主创新为特点的独立发展经济的艰难道路。

80年代后，中国改革开放，向世界打开了国门，接受来自西方世界的科学技术等的扩散。这种扩散的结果就是中国在另一张白纸上开始了新的创新发展。即便是西方相对落后的科技在中国落地，对于中国的生产模式而言，也是一种强大的生产函数的创新。于是，20世纪80年代后，中国经济蓬勃发展，一日千里。

20世纪80年代初期以来的发展，更多是来自西方发达国家的科技扩散，中国具有世界领先地位的自主科技创新的成分却很少。自主科技创新所导致的创新经济更是很少。由于自主科技创新不足，众多国有企业就是在这个背景下，大量倒闭、转型的。

21世纪的互联网科技时代，中国抢抓机遇，终于在第四次科技浪潮中上了车，并在最近的20年里不断发展，打造出中国在世界科技创新产业中的地位。中国以华为公司为代表的本土企业发愤图强、迎头赶上欧美世界科技龙头，连续多年在科技投入上排在世界前十名之列，终于从2019年起，华为公司稳稳占据创新企业世界前十名的地位。与此同时，中国还有阿里巴巴、腾讯等四家公司，也占据了世界创新TOP50的地位。世界创新型公司的领头羊，中国十有其一！

当今中国，科技对经济的贡献率已经达到了60%的高度，创新对经济增长的作用更高达80%以上。就这个数据，稳居世界前十名。鉴于中国庞大的经济总量，又有这种科技贡献和创新贡献，中国连续多年成了世界经济的火车头。如果能继续保持下去，21世纪一定会如汤因比老先生所言，"21世纪是中国人的世纪。"

1.2.4 创新经济的前提

今天，我们研究创新经济，发现创新经济其实是存在前提的。这个前提就是自由！思想自由、言论自由、行动自由。

可以这么说，没有自由，就没有创新。哪个领域里有充足的自由，哪个领域就会有充足的创新，创新的成果也就会不计其数。

我们研究西方世界几百年来的科技大爆发，就会发现，西方的科技革命跟自由思想的发展是同步的。第一次科技革命（工业革命）开始于18世纪60年代，以牛顿力学体系为基础，始于纺织工业，并依靠蒸汽机的改良和使用，使人类社会进入了蒸汽时代。而第一次科技革命之前的15世纪中期，欧洲黑暗的中世纪解体，欧洲迎来了文艺复兴，人们的思想随着资本主义萌芽而越来越宽松自由。哥伦布发现新大陆，布鲁诺提出"日心说"，一次次用科学撞击着残存的愚昧禁锢，直到牛顿用数学宣告了三大力学定理的科学性，终于为第一次工业革命打造了一把开启现代科学大门的"钥匙"。可以这么说，中世纪结束后，三百年的渐进式思想自由，在培根、洛克、孟德斯鸠、伏尔泰、卢梭、莱布尼茨、康德、黑格尔等大思想家的不断宣教下，才最终导致了第一次工业革命的产生。而第一次工业革命的甜头，让欧洲由此更加坚定地拥抱自由。工业革命后，以阿克顿勋爵为代表的欧洲自由主义思潮正式形成，密尔、罗素、尼采等又一大批思想家、哲学家加入了自由主义的阵营，进一步推动着人们的思想解放、个性解放，才有了后面的第二次、第三次工业革命的迸发。

这期间，帕特里克·亨利则喊出了至今深入欧美人血液的一句名言"自由！自由！不自由，毋宁死！"这句口号，直接激励了法国大革命的每一位革命者。

法国大革命后，整个19世纪，欧洲相当多具有重大影响的思想家具有自由主义特征。法国的托克维尔，德国的洪堡，英国的密尔、雪莱、拜伦等等在欧洲具有重大影响的思想家、文学家都是自由主义者。

在欧洲自由主义的直接影响下，美国总统小罗斯福提出了著名的"四大自由"，即：1.表达自由；2.信仰自由；3.免于匮乏的自由；4.免于恐惧的自由。美国对于自由的有力保障，使得本来存在于法国的"自由女神像"，被放大后放到了美国纽约，并成了美国精神的标志。而在自由女神精神的感召下，美国成了20世纪当之无愧的全球创新中心。20世纪也成了美国人的世纪。

说这段历史，主要是想告诉读者，固然我们今天要提防"自由主义泛滥"，但更要保证人民正常的基本自由权利，否则，创新无从谈起，创新经济更是无法产生。

没有自由，就没有创新！

1.3 创新经济的要素支撑

创新经济离不开产业、创新人才、创新资金、创新平台载体以及创新环境等的支撑。这些，我们称之为创新要素。也就是创新发生所需要的人、财、物、环境条件的组合。在具体划分上，创新要素有三要素论：人、财、物。有四要素论：人、财、物、机会。有五要素论：人才、资金、产业（企业、产品）、物（载体平台）、环境（含机会、法治环境等）。此外，还有六要素论、八要素论等说法。

创新专家潘霄纯在其著作《创新理论》中，还把创新要素定义为创新必须具有的实质或本质组成部分，包括：疑问、设想、设计，实现。

本处主要介绍最常见、最直观的五要素论。

1.3.1 产业要素

传统的非制度性创新都对应着具体的产品，而产品又对应着具体的企业，众多的企业汇聚成一个行业乃至一个产业。一个产业内众多产品不断发生的创新推动着这个产业的创新型前进，有时候，我们又称这种现象为产业创新。

所以，产业创新是指某一项技术创新后形成一个新的产业，或对一个传统产业进行改造产品，对主要产品进行升级换代，导致产业发生较大的变化。产业创新在许多情况下，并不是针对一个企业、一个产品的创新行为，而是一个企业群体、主导产品进行的创新集合。

产业承载着创新的主体单元。产业创新是对旧产业结构的创造性破坏。熊彼特曾经把创新比作生物遗传上的突变，"不断从体系内部革新经济结构，不断地破坏旧的并创造新的结构的产业突变构成了一种创造性的破坏过程"。按照熊彼特的理论，我们可以把产业创新看作产业突变的过程。

任何一个时代的产业结构都是一定需求结构、技术水平和资源结构的综合反映，并在这些因素变动的影响下不断演变。因此，产业突变的动力也来源于产业演进的动力系统，是这些力的相互作用诱发并推动了产业创新。

具体来说，第一，需求是产业创新的思想来源和动力源泉；第二，技术创新是产业创新的发动机；第三，企业家创新精神是产业创新的不竭动力；第四，产业内企业的竞争压力也会变成产业创新的动力。

在我们分析不同城市创新力问题的时候，尤其不能脱离产业要素这个创新基础。

1.3.2 人才要素

人是创新的刚性主体，没有人参与进来，创新无法发生。而对于科技发展到一定程度以后，普通人已经很难输出创新了，创新大多是接受过专门知识训练、具有专门创新思维以及创新手段的专业人员才能产生。如果说17世纪至20世纪初期，还有很多基于实践总结的发明创造等创新输出，还能有爱迪生、特斯拉、达·芬奇、牛顿、贝尔、瓦特这些大发明家诞生的可能性，再远一点，中国也有蔡伦、毕昇这些发明家存在。但在21世纪，重大创新的发明创造基本都是来自系统的推演乃至众多人才的通力合作。单打独斗式的重大创新的可能性越来越小。

创新型人才，就是具有创新精神和创新能力的人才，通常表现出灵活、开放、好奇的个性，具有精力充沛、坚持不懈、注意力集中、想象力丰富、富于冒险精神等特征。

具体来说，创新型人才有以下五个特征：

1. 创新型人才要有很强的好奇心和求知欲望；
2. 创新型人才要有很强的自我学习与探索的能力；
3. 创新型人才要在某一领域或某一方面拥有广博而扎实的知识，有较高的专业水平；

4. 创新型人才要具有良好的道德修养，能够与他人合作或共处；

5. 创新型人才要有健康的体魄和良好的心理素质，能承担艰苦的工作。

此外，创新型人才需要具备人格、智能和身心三方面基本要素。诸如：基础理论扎实、科学知识丰富、治学方法严谨，勇于探索未知领域，同时，具有为真理献身的精神和良好的科学道德。是人类优秀文化遗产的继承者、最新科学成果的创造者和传播者、未来科学家的培育者。

建设创新型国家，教育是基础，科技是关键，人才才是核心。要树立人才资源是第一资源的观念。一定要完善培养体系，不拘一格选用人才，加紧建设一支宏大的创新型科技人才队伍；要推进市场配置人才资源，有效提升我国人才和人力资源综合开发水平，努力形成人才辈出、人尽其才的新局面。

对企业等单位来说，要拥有创新型人才，第一个途径是积极引进。人才不同于普通的人，创新型人才也不同于一般人才，站在各个行业和领域浪尖上的创新型人才总是少数，所以成为各单位争抢的对象，一些成功的企业家总是把目光瞄准了创新型人才而积极加以引进。第二个途径是单位培养。引进人才不仅成本高，而且数量也相对有限，要想拥有大量的创新型人才，企业在引进创新型人才的同时，还要自己培养人才。这就要求企业的领导者拥有识才的慧眼，善于发现那些具有创新思维、有巨大创新潜力的人才，然后制订培训计划，有步骤、有目标地进行培养。可以送他们到国内或国外大学进行深造，可以安排他们到关键岗位进行锻炼。更为重要的是培养他们的创新意识，激发他们的创新潜能，为他们提供展示创新才能的舞台，创造实现创新价值的必备条件。

1.3.3 资金要素

创新的过程必然需要大量的资金投入，特别是科技发展到今天，创新的成本已经远不是一百年前所能比拟的，甚至都不是十年前所能比拟的。当然了，如果创新成功，所能带来的创新收益也是相当庞大的。以我国华为公司为例，华为公司建有8万人的全球研发团队，每年把销售收入的15%左右用于科技研发创新，2018年，华为在创新研发上的总投入高达1015亿人民币（150亿美元）。而这等规模的创新研发投入，在全世界排名也仅仅是第五。前面还有韩国三星、美国阿尔法、德国大众、美国微软四家。

正是由于华为的创新高投入，使得华为在5G领域掌握着绝大多数的专利技术。2018年开始，美国就以国家力量来对付华为，但也无可奈何，用华为总裁任正非的话说，即便你美国的5G市场对华为关上大门，只要你美国上5G技术，就离不开华为的专利，华为就可以收取你的技术专利费，类似于"高通税"的"华为税"，因为你绕不开华为的专利创新的。

现代创新，完全就是一个高资本投入、高利润回报的企业行为。也正因为如此，美国每年都要由政府拿出上千亿美元来资助相关企业、行业、高校、院所等进行科研创新。

2018年，我国包括企业的创新研发投入在内，总额超过2万亿，占当年GDP的2.13%，超过了2%的创新国家的标志线。国际上一般认为，国家的研发投入即R&D（研究与开发）支出占GDP的比例一般在2%以上；科技进步贡献率达70%以上；自主创新能力强的国家的对外技术依存度指标通常在30%以下，才可以看作创新型国家。与此同时，2018年美国的研发费用占GDP比重约2.8%；韩国的研发费用占GDP比重约4.5%；日本的研发费用占GDP比重约3.42%；俄罗斯的研发费用占GDP比重约1.1%；德国的研发费用占GDP比重约3.02%；欧盟的整体研发费用占GDP比重约2.07%。中国要在科技上赶超美日德，还要进一步加大科技创新投入。

1.3.4 载体要素

创新载体是指聚集科技创新的企业、研发机构、公共技术、商务服务机构，集成技术、人才、资金等要素，联合官、产、学、研、介，开展技术研发、成果转化、企业（项目）孵化的聚集体。集专家公寓、休闲、商业中心、中介、体育、文化、教育设施以及绿化等配套设施于一地，成为科技创新创业创意人才开展研发、试验、中试及生活的聚集地。创新载体主要是指聚集为科技创新提供服务的公共服务平台、各类专业技术服务平台和科研机构、企业研发中心、工程技术中心等研发机构的载体。

目前，在制造业上，美国和中国的国家级别的创新载体分别是美国制造业创新研究院和中国制造业创新中心。此外，中美两国的科技部也可以算是最大的创新载体。对于地方而言，创新载体则是科技局等领导下的众多研发中心、技术中心、科研院所、高校科研机构、众创空间、创客平台等组成的立体式科研创新机构以及场所。

1.3.5 创新环境

所谓创新环境是指创新人才以及创新企业进行创新面临的创新外部氛围，感受到的创新友好还是创新不友好的软硬件条件，或者必须遵守的各种规章制度等。

创新环境概念最早是由以欧洲创新环境研究小组为代表的区域经济研究学派提出，侧重于强调产业区内的创新主体和集体效率以及创新行为所产生的协同作用。

20世纪70年代初"企业孵化器"的概念首先在美国被提出以后，一些工业化先进国家先后对这一概念采用了各种不同的实施方案。例如美国在旧金山发展了硅谷，波士顿的128号公路和北卡罗来纳的研究三角园区。英国则基于剑桥和爱丁堡的大学在1972年建立了第一个科学园区。1969年，法国建立了类似小城镇结构的索菲亚技术极。1982年，德国在柏林建了第一个企业家和创新中心。1984年，日本公布了科学城方案，并着手实施。在20世纪80年代后期，意大利在其南部的巴里实施把创新和科学园区嵌入城市结构的方案。在科学园或科学城的理论和实践的发展过程中，人们需要进一步弄清楚，为什么有些创新的社区是成功的，而有些则不然；这些成功显然和环境有关。1985年由西欧国家成立了名为"Groupe de Recherche Europen sur les Milieus Innovateurs(GREMI)"的研究小组，它的任务是开发一种共同的方法论，以及为研究创新行为和进行比较实践调查理论的逼近方法。1989年在巴塞罗那会议上欧洲区域创新环境研究组（GREMI）定义了一个新的空间发展理论模型，即"创新环境"。

创新环境通常来说又可以分为社会（政策法律）环境、组织环境、自然环境、心理环境。

社会（政策法律）环境是指国家以及地方政府的政策法律出台情况，看是否有利于或者鼓励企业以及个人进行创新的宏观创新社会氛围。社会的专利保护、社会的自由度等就是典型影响创新者能否创新、敢否创新的重要社会因素。在中世纪以及中国的帝制时代，并不是每个人都敢于去实践创新的，因为你不知道你的创新会带来什么样的社会改变，而且对于皇帝或者国王来说，他们寻求的是"天不变,道亦不变"。不变，才是他们永久执政的基础，创新带来的变化很显然不符合他们的执政基础，会对执政权力形成挑战。也因此，无论东方还是西方，在中世纪、封建帝制时代的重大思想创新、理论创新、实践创新者基本都没有好结局，轻则杀身，重者还会连累家人。

组织环境指一个组织内部的管理严密或者松散程度、组织的创新管理制度等对创新者形成的客观影响。组织环境越是严密，越不容易出创新。我们现在强调的创新型组织，就是管理相对松散，鼓励组织成员发散思维、天马行空进行学术探讨的组织。当然，并不是所有的单位都要去做创新型组织的，相对于创新有些组织机构就更需要执行力，比如军队、政府、银行等单位。而另一些具有研发职能的科研院所、高校、功能性研发中心或者创新中心等更需要的就不是执行力，而是创新力。在这些单位里，严格的作息制度、严格的上下级关系、拘谨的人际氛围、严肃的言论交往等都不利于创新成果的产生。包括一些创新型企业或者具有创新功能的管理部门、管理模块，也不应该强调执行力，而要营造宽松的创新环境，注入创新力。这种单位或者部门里，你委派一个能力出众、执行力超强的人去做单位或者部门的领导，都是对创新环境的极大破坏。甚至，在这些创新单位和部门，委任一个充气人、蜡人、雕像去做领导，都比一个能人去做领导效果要好得多。同理，我国现在强调国家范围内的创新，也需要我们各级政府的执政者用一种宽松、包容的心态来对待社会中出现的一些看似离经叛道的事物，尽量不要让行政权力、国家力量介入民间思维、言论，坚守"法无禁止即合法"的社会管理之道，清净、无为、淡泊、不与民争利、休养生息，这样才能提供一种创新的环境和土壤，才有利于创新产生。

可见，创新的组织环境就是组织所提供的创新的宽松、包容、言论自由（制度创新）氛围。

创新的自然环境指的是创新者工作、居住、生活时的环境。由于创新是一件意义重大但又困难重重的事情，我们一般都尽量给创新者提供相对优越的自然环境，如安静的工作场所、优美宽松的住房、免于柴米油盐的琐事困扰等。这也是为什么我们现在很多顶级创新研发中心都坐落在环境秀美、气候宜人的地方，同时配套有洗衣做饭等功能性单元，让创新者尽可能地心无旁骛、潜心钻研。

创新的心理环境指的是创新者的心理外部环境。一般来说，创新者心理压力比较大，创新单位一般应该提供一个易于心理减压的环境。比如，少批评，多鼓励；多一些笑脸，少一些冷脸等。"良言一句三冬暖，恶言半声六月寒"就是典型的心理环境。

1.4 创新的实现途径

创新的产生，要不断地进行学习积累、比对确认、反思问题，然后再学习积累、再比对确认、再反思问题，最终获得问题解答，实现创新超越。根据创新实现途径，可以把创新分为知识创新、科技创新、制度创新。其中，知识创新属学科领域；技术创新属行业领域；制度创新属职业领域。

1.4.1 知识创新

知识创新也叫理论创新，是指通过科学研究，包括基础研究和应用研究，获得新的基础科学和技术科学知识的过程。

知识创新对应的是人类的知识领域，不断解决了"Know-How"的问题，实现不断的新的知识积累。

知识创新的目的是追求新发现、探索新规律、创立新学说、创造新方法、积累新知识。知识创新是技术创新的基础，是新技术和新发明的源泉，是促进科技进步和经济增长的革命性力量。知识创新为人类认识世界、改造世界提供新理论和新方法，为人类文明进步和社会发展提供不竭动力。

钱学森认为开放的"复杂巨"系统理论强调知识、技术和信息化的作用,特别强调知识集成、知识管理的作用。在知识社会环境下科技创新体系的构建需要以钱学森开放的"复杂巨"系统理论为指导,从科学研究、技术进步与应用创新的协同互动入手,进一步分析充分考虑现代科技引领的管理创新、制度创新。科技创新正是科学研究、技术进步与应用创新协同演进下的一种复杂涌现,是这个三螺旋结构共同演进的产物。科技创新体系由以科学研究为先导的知识创新、以标准化为轴心的技术创新和以信息化为载体的现代科技引领的管理创新三大体系构成,知识社会新环境下三个体系相互渗透,互为支撑,互为动力,推动着科学研究、技术研发、管理与制度创新的新形态,即面向知识社会的科学、技术和管理,三者的相互作用共同塑造了面向知识社会的创新升级形态。

知识创新是技术创新和制度创新的理论基础,足够的知识创新必然会催生出科技层面和制度层面的重大创新突破。

1.4.2 科技创新

科技创新也叫技术创新,指生产技术的创新,是以创造新技术为目的的创新或基于创造出来的新技术的应用创新。创造一种新的 3D 打印技术就是创造新技术;而以现有的 3D 打印技术为基础开发一种新产品或新服务就是基于新技术的创新性应用。科技创新的这两层含义经常合二为一,是企业竞争优势的重要来源,也是企业可持续发展的重要保证。认识科技创新本质、特点和规律,是对科技创新进行有效管理的重要前提。

科学是技术之源,技术是产业之源,技术创新建立在科学道理的发现基础之上,而产业创新主要建立在技术创新基础之上。

技术创新和产品创新有密切关系,又有所区别。技术的创新可能带来但未必带来产品的创新,产品的创新可能需要但未必需要技术的创新。一般来说,运用同样的技术可以生产不同的产品,生产同样的产品可以采用不同的技术。产品创新侧重于商业和设计行为,具有成果的特征,因而具有更外在的表现;技术创新具有过程的特征,往往表现得更加内在。产品创新可能包含技术创新的成分,还可能包含商业创新和设计创新的成分。技术创新可能并不带来产品的改变,而仅仅带来成本的降低、效率的提高,例如改善生产工艺、优化作业过程从而减少资源浪费、能源消耗、人工耗费或者提高作业速度。另一方面,新技术的诞生,往往可以带来全新的产品,技术研发往往对应于产品或者着眼于产品创新;而新的产品构想,往往需要新的技术才能实现。

技术创新分为独立创新、合作创新、引进再创新三种模式。

企业技术能力的演化和技术创新模式的升级,是引进消化吸收再创新的重要特征。技术能力按照演化维度可分为技术仿制、创造性模仿和自主创新三个阶段,技术创新模式决定于技术能力,要与之相适应才能取得最佳的创新效益,按照技术创新的自主程度从低到高可分为简单仿制、模仿创新以及自主创新三种层次。企业引进消化吸收再创新,实质上是技术能力和技术创新模式匹配关系形态不断演进的过程。

科技创新一定要更重视应用层面的创新。整个科技创新中，技术突破与应用创新就像是一个"双螺旋结构"，共同作用催生社会进步。应用创新要求建立畅通高效的创新服务体系，为技术与产品研发提供最贴近市场和用户需求的信息，推动应用创新，并进一步提供技术进步的动力。同时，技术研发方通过以应用为核心，进行技术集成创新，培养产品设计能力、研发能力，逐步向产业上游发展，推动产业的更新换代，提升整个行业的科技水平。目前科技创新体系还更多地注重技术进步，对面向用户的应用创新较少给予关注。科技成果的转化率低、实用性和推广性差等很多科技管理体系的弊病都与此相关，技术发展与用户需求对接出现了问题，造成技术进步与实际应用之间的脱节。制度设计对于技术发展、产品转化十分重要。当我们通过高新技术园区这种制度设计实现了产业的集聚、技术的集聚、人才的集聚的时候，我们却没有很好地在制度层面上解决技术的应用、转化以及以用户需求为中心的应用创新的机制，在科技支撑经济社会发展、特别是公共服务业的一线管理与服务方面缺乏动力。

为进一步完善科技创新体系，我们有必要在应用创新层面通过开放创新、共同创新平台，如应用创新园区的制度设计，来实现用户、需求的集聚，实现以用户需求为中心的各类创新要素的集聚和各类创新主体的互动。以高新技术园区和应用创新园区等的制度设计的高度互补与互动，最终形成技术进步和应用创新的两轮驱动、并驾齐驱，通过"双螺旋结构"的互动全面推动技术创新。

在开放经济中，技术进步的途径主要有三个方面，即技术创新、技术扩散、技术转移与引进。对于后发国家来说，工业化的赶超就是技术的赶超。根据当前的情况,后发国家技术赶超应该分为三个阶段,第一阶段以自由贸易和技术引进为主,主要通过引进技术,加速自己的技术进步,促进产业结构升级;第二阶段,技术引进与技术开发并重,实施适度的贸易保护,国家对资源进行重新配置,通过有选择的产业政策,打破发达国家的技术垄断,进一步提升产业结构;第三阶段,必须以技术的自主开发为主,面对的是新兴的高技术产业,国家主要通过产业政策,加强与发达国家跨国公司的合作与交流,占领产业制高点,获得先发优势和规模经济,将动态的比较优势与静态的比较优势结合起来,兼顾长期利益与短期利益,宏观平衡与微观效率,有效地配置资源,实现跨越式赶超。目前国内城市主要通过各类高新技术园区和开发区来完成国家的技术赶超工作,政府通过政策等引导资金、技术、人才、产业等的集聚来孵化高新企业和高新技术。

1.4.3 制度创新

制度创新也叫非科技创新,是指发生在企业或者社会内部的制度性的推陈出新。

制度是创新的前提,具有完善的企业制度、社会管理制度,才能保证技术创新和知识创新的有效进行,并进一步推动制度的创新。如果旧的落后的企业和社会管理制度不进行创新,就会成为严重制约创新发展的瓶颈。

制度创新的核心内容是企业和社会的政治、经济和管理等制度的革新,是支配人们行为和相互关系的规则的变更,是组织与其外部环境相互关系的变更,其直接结果是激发人们的创造性和积极性，促使不断创造新的知识、社会资源、社会财富，最终推动人类社会的进步。

良好的企业或者社会管理制度，其本身也是创新的产物。其中最为重要的就是要有一个创新型的主体——创新型政府。创新型政府会倡导形成创新型的社会制度、创新型的社会政治、经济、文化。我国目前科技创新存在和面临体制、机制、政策、法规等等诸多问题的解决，很大程度上还在于中央和地方政府能否以改革的精神拿出创新型的新思路、新举措，使得政府从经济活动的主角转变为公共服务提供者，努力创造优质、高效、廉洁的政务环境，进一步完善自主创新的综合服务体系，充分发挥社会各方面企业、人才的积极性，制定和完善促进自主创新的政策措施，切实执行好已出台的政策，激发各类企业特别是科技龙头企业的创新活力。

制度创新，是企业以及社会管理层面有所突破的重要表现！

创新是强国之道，而制度创新又是创新的前提和保证，是促进创新、实现经济发展的一个非常重要的动力。所以，制度创新应该是创新中需要优先解决的问题，也是在自主创新上取得突破的关键所在。

制度创新可以从体制改革、机制完善、政策扶持、人才培养、作风建设等方面形成鼓励和支持创新的良好文化和制度环境。

制度创新是创新之本，没有制度创新，就没有核心竞争力。

我国华为公司之所以在 5G 领域内的自主创新达到了一个比较高的水平，跟华为公司在研发机构、研发人员、研发经费和申请专利方面的高投入是分不开的，也跟深圳优越的创新制度环境是分不开的。也正是因为其科技体制、政策体系和激励机制在不断地创新，反过来调动了企业和广大科技工作者的创新积极性，营造了有利于创新成果生长发育的良好环境。

"中国的改革开放是第二次革命"。革命、改革的本质是什么？就是制度创新啊！革命是一种彻底的制度创新，是改革的一种极端形式。通常改革需要对原有社会管理制度、体制进行根本性变革，改革主要是改制度。根本性变革必然要求以制度创新为最高形式，改革的过程归根结底是制度创新的过程。

中国在改革开放后所做的制度创新，就是针对影响全局的深层次矛盾和问题，以及国家创新体系中存在的结构性和机制性问题，努力建立一个既能够发挥市场配置资源的基础性作用，又能够提升国家在科技领域的有效动员能力，既能够激发创新行为主体自身活力，又能够实现系统各部分有效整合的新型国家创新制度体系。

这个新制度体系要突出以人为本，要能够激励科技人才创新，要便于优秀人才脱颖而出，要营造出一个包容的文化和社会环境，以支持经济长期平稳较快地发展。新制度体系要通过调整经济结构、转变经济增长方式，建设资源节约型、环境友好型社会，提高国际竞争力和抗风险能力为目标，通过国家层面的制度安排与政策设计，充分发挥各创新参与者（政府、大学和科研院所、内资企业）在知识的创造、扩散、使用过程中的协调与协同，寻求资源的最优配置以产生创新性技术，并使之产业化且获得商业利益的能力。

近几年提出的"中国创造""中国智造"和"中国制造"

的差别就在这种产权制度创新上面。"中国创造"不可能必然性地在中国制造的基础上产生,因为"中国创造"的核心是制度创新。"中国创造"只有把简单的资本制度变成知识型的创新制度,才可以让传统的"中国制造"变得更强大。

1.5 创新学派

1.5.1 创新学

创新学是研究创新的本质、规律、途径等的科学,是关于创新的理论化、系统化的世界观和方法论。

目前,理论界关于创新学的书籍、论文很多。包括本书,也是研究创新学的范畴。

现在公认创新学的鼻祖是约瑟夫·熊彼特,他的《经济发展理论》一书,最早系统性地研究了创新理论。《经济发展理论》也是熊彼特的成名作。

熊彼特开创创新学之初的几十年,并没有受到过多关注。当时主流经济学家更关注的是凯恩斯主义。直到20世纪60年代以后,创新学的价值才被挖掘出来,一大批创新经济学家开始如同雨后春笋一样应运而生。

1.5.2 熊彼特创新理论

1912年熊彼特在《经济发展理论》一书中首先提出了创新的基本概念和思想,形成了最初的创新理论。后来,1939年和1942年熊彼特又分别出版了《经济周期》《资本主义、社会主义和民主主义》两部专著，对创新理论加以补充完善，逐渐形成了以创新理论为基础的独特的创新理论体系。熊彼特的创新理论体系大致包含以下内容：

第一，企业家的本质是创新。熊彼特认为，创新就是建立一种新的生产函数，也就是说，把一种从来没有过的关于生产要素和生产条件的"新组合"引入生产体系。这种新组合包括5种情况：（1）采用一种新产品或一种产品的新特征；（2）采用一种新的生产方法；（3）开辟一个新市场；（4）掠取或控制原材料或半制成品的一种新的供应来源；（5）实现任何一种工业的新的组织。因此创新经济严格区别于技术发明，而是把现成的技术革新引入经济组织，形成新的经济增长能力。

熊彼特把新组合的实现称为企业，把以实现新组合为基本职能的人称为企业家。熊彼特认为企业家比人们原来所指的企业家在内涵和外延上既要窄又要宽一些。由于实现了新组合才构成一个企业家，所以企业家不一定要同某个个别企业有永久的联系。人们原来认为的企业家，并不是熊彼特意义上的企业家，而原来不被当作企业家的，则属于熊彼特意义上的企业家。一个人只有当他实质上实现了"新组合"时才是一个企业家。

熊彼特还认为，企业家并不是一种职业，一般说也不是一种持久的状况，所以企业家并不形成一个专门意义上讲的阶级。一个人在其一生中很少能总是一个企业家，且企业家的职能本身是不能继承的。这正如一个人的创新是不可能永远保持的。

第二，企业家是推动社会经济发展的主体。熊彼特认为，创新引起模仿，模仿带来竞争、打破垄断，而竞争又会刺激大规模的投资，引起经济繁荣，当创新扩展到相当多的企业之后，盈利机会趋于消失，经济开始衰退，期待新的创新行为出现。整个经济体系将在繁荣、衰退、萧条和复苏四个阶段构成的周期性运动过程中前进。

经济周期的两个主要阶段——繁荣和衰退——的交替：创新（为创新者）带来超额利润—引起其他企业仿效—第一次创新浪潮—对银行信用的需求—经济步入繁荣；创新的普及—超额利润消失—对银行信用的需求—经济收缩，由繁荣步入衰退。

第一创新浪潮—对银行信用的需求上升—生产资料的部门扩张—生产消费品的部门扩张—第二次浪潮—物价，投资机会上升，投机现象出现。随着创新的普及，超额利润消失，经济进入衰退期。第二次浪潮与第一次浪潮有重大的差别。第二次浪潮中许多投资机会与本部门的创新无关。新的创新引起经济自动地从衰退走向繁荣，而2013年由于第二次浪潮作用，经济从衰退走向萧条。萧条发生后，第二次浪潮的反应逐渐消除，经济转向复苏。要使经济从复苏进入繁荣，则必须再次出现创新。

第三，创新的主动力来自企业家精神。熊彼特认为，对企业家从事"创新性"工作的动机，固然是以挖掘潜在利润为直接目的，但不一定出自个人发财致富的欲望。企业家与只想赚钱的普通商人或投机者不同，个人致富充其量仅是他的部分目的，而最突出的动机还是来自"个人价值实现"的心理，即"企业家精神"。熊彼特认为企业家精神包括四个方面：1. 建立"私人王国"。这对于没有其他机会获得社会名望的人来说，它的诱惑力是特别强烈的。2. 对胜利的渴望。企业家一般有征服欲，总想证明自己比别人优越。3. 创造的喜悦。企业家大多以冒险为乐事，是典型的反享乐主义者。4. 坚强的意志。企业家大多有新的和另一种意志上的努力，去为设想和拟订出新的组合而搏斗，并设法使自己把它看作一种真正的可能性。

第四，成功的创新取决于企业家的素质。熊彼特认为阻碍创新的因素，第一是信息不充分条件下许多事情处于不可知的状态；第二是人的惰性；第三是社会环境的反作用。所以，熊彼特认为企业家要进行创新首先要进行观念更新。其次，企业家必须具备一定的能力，包括预测能力、组织能力、说服能力等。当然，在熊彼特看来，企业家是不承担风险的。因为企业家进行创新活动所需要的资本是由那些成功的企业家所形成的资本家阶层提供的，即资本市场提供的。与此相对应，由于资本的外来性，风险由资本所有者承担，企业家并不承担风险。

第五，信用制度是企业家实现创新的经济条件。银行家通过提供信用，向企业家贷款，正好就把资源放在企业家手中供其运用，这就是银行家所起的杠杆和桥梁作用。而提供信贷便是"资本家"那一类人的职能。信用就是专为以实现创新为目的的企业家创设的货币资本。信用使得个人能够在某种程度上不依靠从父辈那里继承财产而独立创业。熊彼特进一步分析指出，当资本主义经济进入相对发达的阶段之后，资本市场的建立和良好运转成为实现创新的基础。

1.5.3 熊彼特创新四长波理论

熊彼特曾根据创新浪潮的起伏,把资本主义经济的发展分为三个长波:1.1787—1842年是产业革命发生和发展时;2.1842—1897年为蒸汽和钢铁时代;3.1898—1980年为电气、化学和汽车工业时代。再后来,熊彼特去世后,其他学者根据20世纪80年代后的信息同技术发展,出现的社会新特征,就把20世纪80年代后一直到现在,信息通信技术融合与发展推动下知识社会的形成及其对创新的影响进一步被认识使创新进入了第四个长波。

而信息通信技术,尤其是网络技术的发展无疑强化了创新扩散理论中的扩散环境,加快了扩散速度。但当外部条件突破一定极限后,仅从扩散的视角来看待创新就显示了其局限性。

1.5.4 德鲁克创新理论

彼得·德鲁克(1909—2005),现代管理学之父。德鲁克跟熊彼特一样,生于奥地利维也纳,后来移民美国。德鲁克的著作影响着几乎所有追求创新以及管理效率的学生、学者和企业家。各类商业管理课程也都深受彼得·德鲁克管理思想的影响。德鲁克最早提出了我们今天耳熟能详的"管理学"的概念,所以,德鲁克又被称为现代管理之父(见图1-2)。

图1-2 现代管理之父彼得·德鲁克

德鲁克是熊彼特之后对"创新理论"论述得最为系统和完善的管理学家,其创新思想主要体现在他的著作《创新与企业家精神》(1985)中。这本书是德鲁克继《管理的实践》(1954)提出"目标管理理论"后最伟大的作品。在《创新与企业家精神》中,德鲁克提出了人类社会进入20世纪80年代后,已经从"管理时代"迈入了"创新时代",经济效率已经更多地来自创新,而不再是更多地来自管理。

德鲁克创新理论提出,游行和革命改变不了社会,真正能使社会改变的是创新。德鲁克所主张的创新是指"集体的创新",而不是"个别的创意",是产业的变革与社会的重大改变,是社会性和经济性用语,而不是科技性和技术性的名词。"德鲁克创新"是创业家与企业家的特殊工具,他们凭借创新,将变革当作开创另一个事业或服务的大好机会。

德鲁克认为创新与企业家精神不是对原有一切"革命"的"颠覆"或者"斩草除根"，而是以循序渐进的方式，这次推出一个新产品，下次实施一项新政策，再下一次就是改善公共服务。但是，这些创新都不是事先规划出来的，而是专注于每个机会和各种需求，它们都是试验性的，如果它们没有产生预期和所需的结果，就会很快消失，不能教条。

德鲁克认为，无论大企业还是小企业、无论是企业界、非营利性机构和政府，处处都有创新的机会，人人都可以成为企业家。他认为创新是组织的一项基本功能，是管理者的一项重要职责，它是有规律可循的实务工作。创新不需要天才，但需要训练；不需要灵光乍现，但需要遵守"纪律"（创新的原则和条件）。

企业家总是把变化当作正常的、健康的事务，张开双臂去欢迎它，并主动从中寻找创新机会。并把"有计划的放弃"，作为组织实行创业型管理中头等重要的政策，当然，是否能够执行，也是对管理者，尤其是高层管理者——具有企业家精神的CEO们的严峻考验。

德鲁克提出有必要对创新的七个来源，即（1）意外之事；（2）目标结果偏差；（3）新的需求；（4）产业结构变化；（5）人口结构变化；（6）认知变化；（7）新知识的获得，进行分析，必须系统地探索创新的机会。德鲁克特别强调这七个创新来源之间，界线有时候很模糊，企业要进行系统化的创新，大概需要每隔半年就看一下自己内部和外部的情况，这时候就可以从这七个方面检查一下，看有没有新的创新机会。

1.5.5 其他人的创新理论

1. 新熊彼特学派

熊彼特和德鲁克之外,还有一些创新学大师。主要有新熊彼特学派的代表人物爱德温·曼斯菲尔德、莫尔顿·卡曼、南希·施瓦茨等。他们秉承经济分析的熊彼特传统,强调技术创新和技术进步在经济增长中的核心作用,主要将技术创新视为一个相互作用的复杂过程,重视对"黑箱"内部运作机制的揭示,并在分析这样一个过程的基础上先后提出了许多著名的技术创新模型。

他们研究的主要问题有:新技术推广、技术创新与市场结构的关系、企业规模与技术创新的关系等等。

曼斯菲尔德就对新技术推广问题进行了深入的研究,他分析了新技术在同一部门内推广的速度和影响其推广的各种经济因素的作用,建立了新技术推广模式。曼斯菲尔德提出了四个假定:(1)完全竞争的市场,新技术不是被垄断的,可以按模仿者的意愿自由选择和使用;(2)假定专利权对模仿者的影响很小,因而任何企业都可以对某种新技术进行模仿;(3)假定在新技术推广过程中,新技术本身不变化,从而不至于因新技术变化而影响模仿率;4. 假定企业规模的大小差别不至于影响采用新技术。在上述四个假定的前提下,曼斯菲尔德认为有三个基本因素和四个补充因素影响新技术的推广速度。这三个基本因素为:(1)模仿比例,模仿比例越高,采用新技术的速度就越快;(2)模仿相对盈利率,相对盈利率越高,推广速度就越快;(3)采用新技术要求的投资额,在相对盈利率相同的情况下,采用新技术要求的投资额越大，推广速度就越慢。四个补充因素为：（1）旧设备还可使用的年限，年限越长，推广速度就越慢；（2）一定时间内该部门销售量的增长情况，增长越快，推广速度就越快；（3）某项新技术首次被某个企业采用的年份与后来被其他企业采用的时间间隔，间隔越长，推广速度就越慢；（4）该项新技术初次被采用的时间在经济周期中所处的阶段，阶段不同，推广速度也不同。

尽管曼斯菲尔德的理论填补了熊彼特创新理论中的一个空白——技术创新与模仿之间的关系以及二者变动的速度，在一定程度上有助于对技术模仿和技术推广的解释，但由于其理论假设的前提条件与实际相差太大，导致了曼斯菲尔德的理论对现实经济的解释是有限的。

卡曼、施瓦茨等人从垄断与竞争的角度对技术创新的过程进行了研究，把市场竞争强度、企业规模和垄断强度三个因素综合于市场结构之中来考察，探讨了技术创新与市场结构的关系，提出了最有利于技术创新的市场结构模型。卡曼、施瓦茨等人认为：竞争越激烈，创新动力就越强；企业规模越大，在技术创新上所开辟的市场就越大；垄断程度越高，控制市场能力就越强，技术创新就越持久。在完全竞争的市场条件下，企业的规模一般较小，缺少足以保障技术创新的持久收益所需的控制力量，而且难以筹集技术创新所需的资金，同时也难以开拓技术创新所需的广阔市场，故而难以产生较大的技术创新。而在完全垄断的条件下，垄断企业虽有能力进行技术创新，但由于缺乏竞争对手的威胁，难以激发企业重大的创新动机，所以也不利于引起大的技术创新。因此，最有利于创新的市场结构是介于垄断和完全竞争之间的所谓"中等规模、中等程度竞争、不完全垄断的市场结构"。

2. 制度创新学派

新熊彼特学派之外，第二大创新学流派就是创新制度学派。创新的制度创新学派以美国经济学家兰斯·戴维斯和道格拉斯·诺斯等人为代表。

戴维斯和诺斯在1971年出版的《制度变迁与美国经济增长》一书中，提出了制度创新理论。他们认为，所谓"制度创新"是指经济的组织形式或经营管理方式的革新。该学派利用新古典经济学理论中的一般静态均衡和比较静态均衡方法，在对技术创新环境进行制度分析后，认为经济增长的关键是设定一种能向个人提供有效刺激的制度，该制度确立一种所有权，即确立支配一定资源的机制，从而使每一活动的社会收益率和私人收益率近乎相等；产权的界定和变化是制度变化的诱因和动力，新技术的发展必须建立一个系统的产权制度，以便提高创新的私人收益率，使之接近于社会收益水平；一个社会的所有权体系若能明确规定和有效保护每个人的专有权，并通过减少革新的不确定性，促使发明者的活动得到最大的个人收益，则会促进经济增长等。戴维斯和诺斯把制度创新的全过程分为五个阶段：（1）形成推动制度变迁的第一行动集团，即对制度变迁起主要作用的集团；（2）提出有关制度变迁的主要方案；（3）根据制度变迁的原则对方案进行评估和选择；（4）形成推动制度变迁的第二行动集团，即起次要作用的集团；（5）两个集团共同努力去实现制度变迁。

以戴维斯和诺斯等人为代表的新制度经济学家把熊彼特

的"创新"理论与经济学中制度学派的"制度"理论结合起来,深入研究了制度安排对国家经济增长的影响,发展了熊彼特的制度创新思想。但制度创新理论中所说的制度是指具体的政治经济制度,如金融组织、公司制度和工会制度等,而没有包括作为背景的社会政治环境。另外,戴维斯和诺斯的制度创新理论是在"经济人"假设的前提下展开的,所提出的市场规模的变化、生产技术的发展和预期收益的变化等促进制度创新的三要素是外在于制度创新过程的,是一个重要的隐含假定。实际上忽视了市场规模扩大和技术进步本身是制度的函数,即制度安排是决定市场规模和技术进步的重要因素。另外,对于制度的研究,制度创新学派坚持局部均衡分析和比较静态分析,越来越向新古典范式靠拢(如契约理论),而且由于作为基本分析单位的交易成本和产权都是很模糊的概念,使得经验实证方法很难运用。

3. 国家创新系统学派

国家创新系统学派以英国学者克里斯托夫·弗里曼、美国学者理查德·纳尔逊等人为代表。该学派认为技术创新不仅仅是企业家的功劳,也不是企业的孤立行为,而是由国家创新系统推动的。

国家创新系统是参与和影响创新资源的配置及其利用效率的行为主体、关系网络和运行机制的综合体系,在这个系统中,企业和其他组织等创新主体通过国家制度的安排及其相互作用,推动知识的创新、引进、扩散和应用,使整个国家的技术创新取得更好的成效。

20世纪80年代,弗里曼在考察日本企业时发现,日本的

1. 创新与创新经济

创新活动无处不在，创新者包括工人、管理者、政府等。日本在技术落后的情况下，以技术创新为主导，辅以组织创新和制度创新，只用了几十年的时间，使国家的经济出现了强劲的发展势头，成为工业化大国。这个过程充分体现了国家在推动技术创新中的重要作用，也说明一个国家要实现经济的追赶和跨越，必须将技术创新与政府职能结合起来，形成国家创新系统。由此，弗里曼在《技术和经济运行：来自日本的经验》（1987）一书中提出国家创新系统理论。他认为国家创新系统有广义和狭义之分，即前者包括国民经济中所涉及的引入和扩散新产品、新过程和新系统的所有机构，而后者则是与创新活动直接相关的机构。

纳尔逊则以美国为例，分析国家支持技术进步的一般制度结构。他在《国家创新系统》（1993）一书中指出，现代国家的创新系统在制度上相当复杂，既包括各种制度因素和技术行为因素，也包括致力于公共技术知识研究的大学和科研机构，以及政府部门中负责投资和规划等的机构。纳尔逊强调技术变革的必要性和制度结构的适应性，认为科学和技术的发展过程充满不确定性，因此国家创新系统中的制度安排应当具有弹性，发展战略应该具有适应性和灵活性。

弗里曼和纳尔逊的研究为国家创新系统理论建立奠定了坚实的基础，使人们认识到国家创新体系在优化创新资源配置上的重要作用，尤其可以更好地指导政府如何通过制订计划和颁布政策，来引导和激励企业、科研机构、大学和中介机构相互作用、相互影响，从而加快科技知识的生产、传播、扩散和应用。弗里曼和纳尔逊的研究是集中在对一国创新体系结构中各组成部分效率和结合的研究，没有对各国创新体系进行比较研究。

中国自十八大以来，从国家层面提出了创新经济驱动的概念，并以各级政府为主体，为创新提供条件，某种意义上是践行了弗里曼和纳尔逊的国家创新系统理论的研究成果。

1.6 创新力研究

1.6.1 什么是创新力

创新力是创新能力的简称，所谓创新能力是在技术和各种实践活动领域中不断提供具有经济价值、社会价值、生态价值的新思想、新理论、新方法和新发明的能力。

创新力是当今社会经济竞争的核心所在。当今社会的竞争，与其说是人才的竞争，不如说是人的创新力的竞争。

综观近十年的研究成果，虽然国内学者对创新能力的理解有差异，但可以把他们对创新力内涵的阐述划分为三种观点：第一种观点以张宝臣、李燕、张鹏等为代表，认为创新能力是个体运用一切已知信息，包括已有的知识和经验等，产生某种独特、新颖、有社会或个人价值的产品的能力。它包括创新意识、创新思维和创新技能等三部分，核心是创新思维。第二种观点以安江英、田慧云等为代表，认为创新能力表现为两个相互关联的部分，一部分是对已有知识的获取、改组和运用；另一部分是对新思想、新技术、新产品的研究与发明。第三种观点从创新能力应具备的知识结构入手,以宋彬、庄寿强、彭宗祥、殷石龙等为代表,认为创新能力应具备的知识结构包括基础知识、专业知识、工具性知识或方法论知识以及综合性知识四类。上述三种观点,尽管表述方法各有不同,但基本上能将创新能力的内涵解释清楚。

1.6.2 创新力的分类与衡量

创新力,按主体来划分,可以分为:国家创新力、区域创新力、企业创新力、个人创新力四种。并且对应存在着各自衡量创新力的创新指数的计算办法。国际上也都有相关组织每年对这四种创新力进行统计、计算和排名。

这些统计排名,主要还是根据一系列的与创新有关系的计量指标来计算的。比如创新指数分为四个领域,包括创新环境指数、创新投入指数、创新产出指数和创新成效指数等。

美国波士顿咨询公司(Boston consulting group,简称BCG)就是一家美国企业管理咨询公司。这家公司是国际知名的创新力排名公司,每年的创新力排行榜受到各个国家的关注。根据科学技术部网站2019年4月的消息,波士顿咨询公司此前统计出的2019年全球前50名最具创新性的公司中,美国的谷歌公司、亚马逊公司及苹果公司位列前3名,我国则有两家公司位列其中,分别为阿里巴巴集团(第23名)与华为公司(第48名)。

而BCG发布了2020全球创新50强,入选的中国公司有华为、阿里巴巴、腾讯和京东、小米,比2019增加了三家公司。

01	Snap	11	操作系统开发商 kaios technologies	21	Sage Therapeutics 生物制药公司	31	数字阅读平台 Wattpad	41	VERTEX
02	微软	12	植物合成肉公司 Beyond Meat	22	IndiGo	32	供应链自动化新创公司 Attabotics	42	女性健康在线诊疗平台 Maven Clinic
03	特斯拉	13	Bravado	23	流媒体视频网站 Vimeo	33	平底鞋品牌 ROTHY'S	43	人工智能芯片制造商 Graphcore
04	Big Hit Entertainment	14	社交电商平台 Meesho	24	租赁技术平台 CaaStle	34	Calm	44	在线课程平台 Teachable
05	Bug 奖励平台 HackerOne	15	流媒体服务商 Spotify	25	二手服饰电商 ThredUp	35	TWIGA FOODS	45	Bleacher Report
06	White Claw	16	hello sunshine	26	时装品牌 Trove	36	Color Of Change	46	RALLY
07	电子商务物流初创公司 shopify	17	瑞幸咖啡	27	支付创企 Brex	37	股权管理服务商 Carta	47	线上募款平台 Omaze
08	线上设计平台 Canva	18	Merck	28	在线预订 Hopper	38	FOOTPRINT	48	智能化医疗设备公司 Healthy.io
09	在线游戏平台 Roblox	19	WHOOP	29	Strava 运动社交	39	苹果公司	49	CAMEO
10	医疗无人机公司 Zipline	20	Sweetgreen 沙拉店	30	数据服务提供商 Immuta	40	公共健康组织 Truth Initiative	50	沉浸式线下娱乐公司 MEOW WOLF

图 1-3 2020 年全球创新企业 50 强排名

此外，在国家创新力排名上，创新是国家最具衡量实力的象征。美国彭博社 2016 年的"彭博创新指数"，按照七项综合指标给世界各国的创新力排了个序。七项综合指标分别为：

1. R&D 强度——研究和开发支出占 GDP 的百分比；

2. 工业附加值——人均工业附加值占 GDP 的百分比；

3. 生产力——15 岁以上雇员的人均 GDP 以及 3 年间的增长；

4. 高科技密度——高科技企业数量；

5. 高等教育率——高等教育入学率和科学、工程类毕业生集中度；

6. 研究者集中度——参与 R&D（研究与开发）的专家、博士后、学生的比例；

7. 专利活动——单位专利申报数量；专利获批占全球总数比例。

1. 创新与创新经济

在这个排名中，2016年，韩国以91.31分的高分位居第一，而中国仅仅排名在21位。

与此同时，在另一个机构——世界知识产权组织的国家创新力排名中，中国的排名要稍微好一些。世界知识产权组织在印度首都新德里发布了《2019全球创新指数报告》(GII)。在此次统计的全球创新力排名中，中国的排名从2018年的第17位提升到2019年的第14位，较上年提升3位，实现了连续四年不断攀升，2017年我国的排名为第22名（如图0-1以及1-4）。

Rankings (GII 2019)

2019 Rank	Economy	2018 Rank	Change
1	Switzerland	1	0
2	Sweden	3	1
3	United States of America (the)	6	3
4	Netherlands (the)	2	−2
5	United Kingdom (the)	4	−1
6	Finland	7	1
7	Denmark	8	1
8	Singapore	5	−3
9	Germany	9	0
10	Israel	11	1
11	Republic of Korea (the)	12	1
12	Ireland	10	−2
13	Hong Kong. China	14	1
14	China	17	3
15	Japan	13	−2
16	France	16	0
17	Canada	18	1
18	Luxembourg	15	−3
19	Norway	19	0
20	Iceland	23	3
21	Austria	21	0
22	Australia	20	−2
23	Belgium	25	2
24	Estonia	24	0
25	New Zealand	22	−3
26	Czech Republic (the)	27	1
27	Malta	26	−1
28	Cyprus	29	1

图1-4 2019年世界知识产权组织各国创新力排名

在中国国内各省份的区域创新力排名上，我们可以看2020年4月，中国科技发展战略研究小组、中国科学院大学中国创新创业管理研究中心在京联合发布的《中国区域创新力评价报告2019》，《报告》显示，广东2019年度区域创新力再列全国第一，在5个一级指标中，广东有3个继续位居全国第一，分别是企业创新、创新环境、创新绩效。北京、江苏、上海紧随其后。

表1-1　中国区域创新力评估表

排序	城市	创新力效用值	排序	城市	创新力效用值
1	广东	59.49	17	江西	23.31
2	北京	53.22	18	海南	22.90
3	江苏	49.58	19	辽宁	22.73
4	上海	45.63	20	河北	21.86
5	浙江	38.80	21	广西	21.17
6	山东	33.12	22	云南	21.11
7	重庆	30.87	23	宁夏	20.94
8	湖北	29.21	24	青海	20.11
9	天津	28.83	25	甘肃	20.10
10	安徽	28.70	26	山西	19.82
11	四川	28.03	27	吉林	18.80
12	陕西	27.34	28	黑龙江	18.53
13	湖南	26.82	29	新疆	18.19
14	福建	26.56	30	内蒙古	18.14
15	河南	25.07	31	西藏	171.58
16	贵州	23.60			

在中国城市创新能力报告中，广东的城市创新能力提升步伐明显快于其他9个省市，领先优势持续扩大：城市创新指数排行第1位，知识创新排行全国第3位，知识获取排行第3位，企业创新、创新环境及创新绩效均排行创新城市排行榜中的第1位。

2. 中外大城市的创新经济

2.1 中国城市创新经济

2.1.1 中国的城市状况

汉语"城市"是"城"与"市"两个字的组合词。其中"城"是为了防卫，是用城墙等圈围起来的一片居住区地域。《管子·度地》说"内为之城，外为之廓"，也就是说，墙圈围保护起来的才是"城"，在城墙外面的附近地带则是"廓"，更边远的则是农村了。农村是从事农业耕种的农民们聚居的村落。"市"是指进行商业交换的场所。城里面肯定是设立"市"的，有些农村大的聚居点，交通便利的，也会设立小的"市"。这种乡村"市"，因为聚集了附近十里八乡的农民过来参与商业交换，所以也叫"集"，农民去参与"市"也叫"赶集"。农村集市交易一直到今天，还在全国农村普遍存在，常见的就是五天（一周或十天）出一次集。比如阳历（阴历）的逢五、逢十，或者每个星期的周六什么的。

城市的出现，是人类走向成熟和文明的标志，也是人类群居生活的高级形式。城市的起源从根本上说，有因"城"设"市"和因"市"筑"城"两种类型，因"城"设"市"就是在城市的形成上，先有"城"后有"市"，市是在城的基础上发展起来的，这种类型的城市多见于战略要地和边疆。出于军队戍边或者驻守的需要，必须筑城保卫军队免受攻击以及开展训练等，如天津、雁门、太原等城市就是起源于军队驻守战略要地。因"市"筑"城"则是由于集市的发展规模越来越大、越来越频，吸引来大量的商户每天都在此集市做买卖，为了保护商户而筑城形成了城市。即先有市场后有城市的形成。这类城市比较多见，是人类经济发展到一定阶段的产物，本质上是人类的交易中心和聚集中心。城市的形成，无论多么复杂，都不外乎这两种形式。

现代意义上的城市来源于日语对于英语"city"的翻译，起初是有"城"的外延的，但随着各国城市的发展扩大，纷纷取消了城墙，城市更多地变成了一个经济意义上的或者户籍意义上的概念了。拥有这座城市的户籍，就是这座城市的人，接受这座城市的法律法规管理。不拥有户籍，但居住在这座城市，就按照常住人口或者临住人口来进行管理。

截至 2020 年初，中国大陆共计有 686 座城市，其中直辖市 4 座，特别行政区 2 座，地级市（含副省级市）293 座，县级市 387 座。具体如下：

特别行政区：香港、澳门。

直辖市：北京、上海、天津、重庆。

省会城市：

    1. 山东：济南；

    2. 河北：石家庄；

    3. 吉林：长春；

    4. 黑龙江：哈尔滨；

    5. 辽宁：沈阳；

    6. 内蒙古：呼和浩特；

    7. 新疆：乌鲁木齐；

8. 甘肃：兰州；

9. 宁夏：银川；

10. 山西：太原；

11. 陕西：西安；

12. 河南：郑州；

13. 安徽：合肥；

14. 江苏：南京；

15. 浙江：杭州；

16. 福建：福州；

17. 广东：广州；

18. 江西：南昌；

19. 海南：海口；

20. 广西：南宁；

21. 贵州：贵阳；

22. 湖南：长沙；

23. 湖北：武汉；

24. 四川：成都；

25. 云南：昆明；

26. 西藏：拉萨；

27. 青海：西宁；

28. 台湾：台北；

地级城市（内地）：一共有293个地级市。

1. 河北省：11个，石家庄市、唐山市、秦皇岛市、邯郸市、邢台市、保定市、张家口市、承德市、沧州市、廊坊市、衡水市；

2. 山西省：11个，太原市、大同市、阳泉市、长治市、晋城市、朔州市、晋中市、运城市、忻州市、临汾市、吕梁市；

3. 内蒙古自治区：9个，呼和浩特市、包头市、乌海市、赤峰市、通辽市、鄂尔多斯市、呼伦贝尔市、巴彦淖尔市、乌兰察布市；

4. 辽宁省：14个，沈阳市、大连市、鞍山市、抚顺市、本溪市、丹东市、锦州市、营口市、阜新市、辽阳市、盘锦市、铁岭市、朝阳市、葫芦岛市；

5. 吉林省：8个，长春市、吉林市、四平市、辽源市、通化市、白山市、松原市、白城市；

6. 黑龙江省：12个，哈尔滨市、齐齐哈尔市、鸡西市、鹤岗市、双鸭山市、大庆市、伊春市、佳木斯市、七台河市、牡丹江市、黑河市、绥化市；

7. 江苏省：13个，南京市、无锡市、徐州市、常州市、苏州市、南通市、连云港市、淮安市、盐城市、扬州市、镇江市、泰州市、宿迁市；

8. 浙江省：11个，杭州市、宁波市、温州市、嘉兴市、湖州市、绍兴市、金华市、衢州市、舟山市、台州市、丽水市；

9. 安徽省：16个，合肥市、芜湖市、蚌埠市、淮南市、马鞍山市、淮北市、铜陵市、安庆市、黄山市、阜阳市、宿州市、滁州市、六安市、宣城市、池州市、亳州市；

10. 福建省：9个，福州市、厦门市、莆田市、三明市、泉州市、漳州市、南平市、龙岩市、宁德市；

11. 江西省：11个，南昌市、景德镇市、萍乡市、九江市、抚州市、鹰潭市、赣州市、吉安市、宜春市、新余市、上饶市；

12. 山东省：16个，济南市、青岛市、淄博市、枣庄市、东营市、烟台市、潍坊市、济宁市、泰安市、威海市、日照市、临沂市、德州市、聊城市、滨州市、菏泽市；

13. 河南省：17个，郑州市、开封市、洛阳市、平顶山市、安阳市、鹤壁市、新乡市、焦作市、濮阳市、许昌市、漯河市、三门峡市、南阳市、商丘市、信阳市、周口市、驻马店市；

14. 湖北省：12个，武汉市、黄石市、十堰市、宜昌市、襄阳市、鄂州市、荆门市、孝感市、荆州市、黄冈市、咸宁市、随州市；

15. 湖南省：13个，长沙市、株洲市、湘潭市、衡阳市、邵阳市、岳阳市、常德市、张家界市、益阳市、郴州市、永州市、怀化市、娄底市；

16. 广东省：21个，广州市、韶关市、深圳市、珠海市、汕头市、佛山市、江门市、湛江市、茂名市、肇庆市、惠州市、梅州市、汕尾市、河源市、阳江市、清远市、东莞市、中山市、潮州市、揭阳市、云浮市；

17. 广西壮族自治区：14个，南宁市、柳州市、桂林市、梧州市、北海市、防城港市、钦州市、贵港市、玉林市、百色市、贺州市、河池市、来宾市、崇左市；

18. 海南省：4个，海口市、三亚市、三沙市、儋州市；

19. 四川省：18个，成都市、自贡市、攀枝花市、泸州市、德阳市、绵阳市、广元市、遂宁市、内江市、乐山市、南充市、眉山市、宜宾市、广安市、达州市、雅安市、巴中市、资阳市；

20. 贵州省：6个，贵阳市、六盘水市、遵义市、安顺市、毕节市、铜仁市；

21. 云南省：8个，昆明市、曲靖市、玉溪市、保山市、昭通市、丽江市、普洱市、临沧市；

22. 西藏自治区：6个，拉萨市、日喀则市、昌都市、林芝市、山南市、那曲市；

23. 陕西省：10个，西安市、铜川市、宝鸡市、咸阳市、渭南市、延安市、汉中市、榆林市、安康市、商洛市；

24. 甘肃省：12个，兰州市、嘉峪关市、金昌市、白银市、天水市、武威市、张掖市、平凉市、酒泉市、庆阳市、定西市、陇南市；

25. 青海省：2个，西宁市、海东市；

26. 宁夏回族自治区：5个，银川市、石嘴山市、吴忠市、固原市、中卫市；

27. 新疆维吾尔自治区：4个，乌鲁木齐市、克拉玛依市、吐鲁番市、哈密市；

对于以上城市，按照中国住建部2014年的标准，对城区人口总量进行等级划分，可以分为7个等级：

超大城市：城区常住人口1000万以上；

特大城市：城区常住人口500万以上1000万以下；

Ⅰ型大城市：城区常住人口300万以上500万以下；

Ⅱ型大城市：城区常住人口100万以上300万以下；

中等城市：城区常住人口50万以上100万以下；

Ⅰ型小城市：城区常住人口50万以下的城市为小城市，其中20万以上50万以下的城市为，

Ⅱ型小城市：城区常住人口5万至20万；

此外，还划分了大镇区： 1万至5万人口；

小镇区：0.3万至1万人口；

值得注意的是，镇区集中居住人口在3000人以上才进行立统，计算进城镇人口，在欧美国家大多300人以上的集中居

住区人口就计算在城市化人口进行立统了。也因此，欧美的城市化比率要远远比中国高。欧美的"Urbanization"是包含 300 人以上聚居的"small town"的人口的。如果按照欧美的口径立统城市化率，那么我国的城市化率起码在 85% 以上，甚至 90% 以上。而目前我国统计局公布的城市化率才 60%。

按照以上标准，2020 年梳理出我国的大城市 130 个（美国是 45 个，欧洲是 36 个，中国比它们的总和还要多）。如下：

超大城市 4 个：上海、北京、深圳、重庆；

特大城市 5 个：天津、成都、广州、南京、武汉；

大城市：1）人口在 300 万至 500 万的大城市 10 个：西安、哈尔滨、杭州、济南、青岛、沈阳、大连、郑州、长春、昆明；

2）人口在 200 万至 300 万的大城市 11 个：苏州、长沙、无锡、合肥、太原、石家庄、福州、南昌、洛阳、东莞、乌鲁木齐；

3）人口在 100 万至 200 万的大城市 52 个：华北地区：唐山、邯郸、保定、张家口、大同、呼和浩特、包头；

东北地区：鞍山、抚顺、吉林、齐齐哈尔、大庆、吉林；

西北地区：兰州、银川、西宁；

西南地区：南充、自贡、泸州、绵阳、贵阳、遵义；

华中地区：开封、南阳、襄阳、株洲、衡阳、赣州；

华东地区：常州、徐州、扬州、淮安、南通、宁波、温州、绍兴、芜湖、淮南、淄博、烟台、潍坊、济宁、临沂、厦门、泉州；

华南地区：汕头、东莞、佛山、惠州、南宁、柳州、海口。

具体的大城市情况见图 2-1。

全国城区人口超100万城市排名

排名	城市名称	城市类别	所属地区	省内排名	城区人口 单位:万人	市区人口 单位:万人
	数据源:2018中国城市建设统计年鉴 数据整理:排名帝					
1	上海	超大城市	直辖市	沪	2423.78	2423.78
2	北京	超大城市	直辖市	京	1863.4	2154.2
3	重庆	超大城市	直辖市	渝	1507.66	3003.67
4	广州市	超大城市	广东省	粤1	1315.42	1745.38
5	深圳市	超大城市	广东省	粤2	1302.66	1302.66
6	天津	超大城市	直辖市	津	1296.81	1559.6
7	武汉市	特大城市	湖北省	鄂1	918	1250.89
8	成都市	特大城市	四川省	川1	837.97	1033.39
9	东莞市	特大城市	广东省	粤3	685.03	685.04
10	南京市	特大城市	江苏省	苏1	657.2	738.49
11	杭州市	特大城市	浙江省	浙1	650.49	1033.08
12	郑州市	特大城市	河南省	豫1	626.19	774.59
13	西安市	特大城市	陕西省	陕1	586.61	860.98
14	沈阳市	特大城市	辽宁省	辽1	565.12	763.2
15	青岛市	特大城市	山东省	鲁1	512.7	635.25
16	济南市	I型大城市	山东省	鲁2	487.49	708.89
17	哈尔滨市	I型大城市	黑龙江省	黑1	486	628.08
18	长春市	I型大城市	吉林省	吉1	456.4	540.72
19	合肥市	I型大城市	安徽省	皖1	429.24	574.06
20	昆明市	I型大城市	云南省	滇1	397.97	463.55
21	大连市	I型大城市	辽宁省	辽2	380.83	440.2
22	长沙市	I型大城市	湖南省	湘1	374.43	374.43
23	太原市	I型大城市	山西省	晋1	372.97	499.87
24	宁波市	I型大城市	浙江省	浙2	368.51	564.83
25	南宁市	I型大城市	广西	桂1	361.42	525.21
26	苏州市	I型大城市	江苏省	苏2	357.25	517.11
27	厦门市	I型大城市	福建省	闽1	349.98	556.61
28	福州市	I型大城市	福建省	闽2	300.71	358.45
29	贵阳市	II型大城市	贵州省	黔1	292.24	342.35
30	乌鲁木齐市	II型大城市	新疆	新1	286.47	286.47
31	石家庄市	II型大城市	河北省	冀1	284.31	505.92
32	南昌市	II型大城市	江西省	赣1	282.4	372.05
33	汕头市	II型大城市	广东省	粤4	279.64	609.44
34	珠海市	II型大城市	广东省	粤5	277.98	361.78

图 2-1 全国百万人口以上大城市排名

2.1.2 中国城市的创新状况

城市,是不同要素的组合体。城市规模越大,聚集的人口越多,附带聚集的生产要素也就越多,体现出来的创新力也就不一样。所以,城市的差异必然导致创新力的差异。

中国的城市创新首先体现在不同地域的创新能力上。

2019年10月中国社会科学文献出版社正式出版并向社会公布《中国城市创新竞争力发展报告(2018)》蓝皮书。在这本蓝皮书里,中国社科院公布了中国不同省份的创新力以及百万人口以上规模的不同城市的创新力。

就各省的创新力来看,有以下排名,见表2-1。

表2-1 2019年中国区域创新能力排行榜

排序	城市	创新力	排序	城市	创新力
1	广东	59.49	17	江西	23.31
2	北京	53.22	18	海南	22.90
3	江苏	49.58	19	辽宁	22.73
4	上海	45.63	20	河北	21.86
5	浙江	38.80	21	广西	21.17
6	山东	33.12	22	云南	21.11
7	重庆	30.87	23	宁夏	20.94
8	湖北	29.21	24	青海	20.11
9	天津	28.83	25	甘肃	20.10
10	安徽	28.70	26	山西	19.82
11	四川	28.03	27	吉林	18.80
12	陕西	27.34	28	黑龙江	18.53
13	湖南	26.82	29	新疆	18.19
14	福建	26.56	30	内蒙古	18.14
15	河南	25.07	31	西藏	171.58
16	贵州	23.60			

表 2-1 显示，在中国的地域创新力上面，广东排第一。广深大湾区直接对标香港的资金、人才，接受发达国家地区的辐射，创新意识以及创新基础要比内地其他地方好得多，创新要素齐备，所以创新领先也是符合正常的感知的。

北京的创新力能排在第二位，长期的首都地位使得北京可以吸引到来自全国的资金、人才，所以，也就会必然性地产生很多创新项目。创新的生产力效应能够得到最大程度、最快速度的释放。

苏浙沪排在创新省份的三、四、五名是很正常的，谁先谁后也都能接受，三个省本来就差不多。统计表明，截至 2019 年，新中国成立以来江苏出产了两院院士 498 人，浙江出产了两院院士 425 人，上海人口基数小，但也有 84 人，这三者是全国智力出产大省。目前两院院士在上海工作的有 182 人（第二，在沪中国工程院院士有 75 人，占院士总人数的 7.90%；在沪中国科学院院士已增至 107 人，占中国科学院院士总人数的 13.38%），在江苏工作的院士有 102 人（第三，在苏中科院院士 48 人、在苏工程院院士 54 人），在浙江工作的院士 56 人（第五，在浙中科院院士 32 人、在浙工程院院士 24 人）。只不过，在苏浙沪工作的院士，浙江有点偏少，对浙江进一步提升创新力有点影响。

在具体的城市创新力上面，福建师范大学等单位共同参与组成的"城市创新竞争力课题组"发布的蓝皮书建立了五个方面的综合指标：（1）创新产出竞争力；（2）创新环境竞争力；（3）创新可持续发展竞争力；（4）创新投入竞争力；（5）创新基础竞争力。

2. 中外大城市的创新经济

其中，（1）城市创新产出竞争力主要由专利授权数、高新技术产业产值、高技术产品出口总额、高技术产品出口比重、全社会劳动生产率、注册商标数、单位工业产值污染排放量等7个指标构成。

（2）城市创新环境竞争力主要由千人因特网用户数、千人手机用户数、国家高新技术园区数、国家高新技术企业数、高等院校数、电子政务发展指数等6个指标构成。

（3）城市创新可持续发展竞争力主要由公共教育支出总额、公共教育支出占GDP比重、人均公共教育支出额、科技人员增长率、科技经费增长率、城镇居民人均可支配收入等6个指标构成。

（4）城市创新投入竞争力主要由R&D经费（指全社会研究与试验发展经费）支出总额、R&D经费支出占GDP比重、人均R&D经费支出、R&D人员、研发人员占从业人员比重、财政科技支出占一般预算支出比重等6个指标构成。

（5）城市创新基础竞争力主要由GDP、人均GDP、财政收入、人均财政收入、外商直接投资、金融存款余额等6个指标构成。

研究人员选取了我国274个城市，对各自综合创新竞争力进行综合评价分析。结果显示，中国城市创新竞争力排在第1到10位的城市依次为：北京、上海、深圳、天津、广州、苏州、杭州、西安、宁波、武汉（见表2-2）。

根据表2-2，在大城市中能进创新城市前十名的，大多是省会城市，仅仅苏州、深圳和宁波属于非省会城市。而到了前11—20名里面，我们可以清晰地发现，非省会大城市越来越多，有无锡、青岛、大连、常州、宁波、烟台6个非省会大城市进入其中。后面，非省会的大城市则越来越多。

表2-2 国家创新型城市创新能力榜单（2019）

排序	城市名称	创新力	排序	城市名称	创新力
1	深圳	83.80	37	兰州	53.20
2	杭州	77.89	38	石家庄	53.16
3	广州	77.65	39	马鞍山	53.15
4	南京	75.82	40	徐州	50.60
5	武汉	74.10	41	南宁	50.59
6	苏州	73.69	42	绍兴	50.52
7	西安	73.90	43	潍坊	50.33
8	长沙	71.17	44	洛阳	50.31
9	厦门	70.01	45	盐城	50.18
10	合肥	69.71	46	株洲	49.49
11	无锡	69.43	47	乌鲁木齐	49.10
12	青岛	69.25	48	金华	46.71
13	成都	68.69	49	海口	46.33
14	大连	66.09	50	呼和浩特	45.86
15	昆明	64.53	51	襄阳	45.22
16	常州	64.47	52	东营	44.95
17	济南	63.78	53	泉州	44.78
18	沈阳	63.70	54	宜昌	44.50
19	宁波	63.48	55	济宁	43.06
20	烟台	62.49	56	连云港	42.64
21	镇江	62.36	57	景德镇	42.59
22	哈尔滨	62.08	58	银川	42.38
23	南昌	61.95	59	包头	40.28
24	福州	60.52	60	宝鸡	39.78
25	贵阳	60.19	61	秦皇岛	39.78
26	郑州	60.08	62	西宁	38.63

2. 中外大城市的创新经济

续表

排序	城市名称	创新力	排序	城市名称	创新力
27	太原	59.38	63	龙岩	38.11
28	东莞	59.24	64	唐山	35.43
29	芜湖	59.02	65	衡阳	34.20
30	南通	58.97	66	拉萨	33.99
31	长春	58.24	67	吉林	31.80
32	嘉兴	58.14	68	萍乡	31.69
33	扬州	57.32	69	遵义	60.69
34	佛山	56.73	70	玉溪	30.66
35	湖州	55.74	71	汉中	29.62
36	泰州	54.22	72	南阳	29.58

城市的创新程度一般来说决定着城市的吸引力，我们以人口净流入作为主指标，做了一个全国百万人口以上大城市2019年的吸引力指标，发现TOP10跟创新力高度吻合，如图2-2。

城市	人口吸引力指数
杭州市	5.12
郑州市	5.282
佛山市	5.439
苏州市	6.689
成都市	6.724
东莞市	8.511
上海市	8.622
北京市	9.963
广州市	9.983
深圳市	10.71

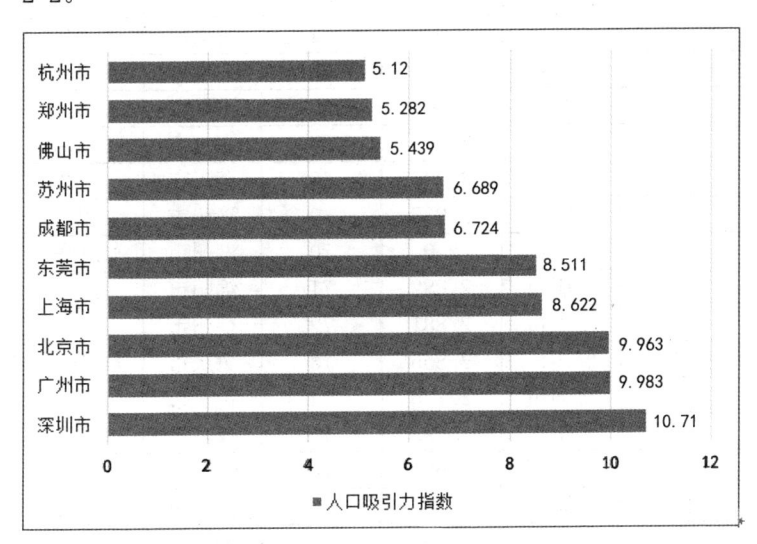

图2-2 2019年城市人口吸引力排行TOP10

TOP10 之外，见下表。

表2-3 2019年城市人口吸引力排行

排序	城市	人口吸引力指数	排序	城市	人口吸引力指数
1	深圳市	10.71	51	咸阳市	1.622
2	广州市	9.983	52	临沂市	1.571
3	北京市	9.963	53	兰州市	1.562
4	上海市	8.622	54	潍坊市	1.516
5	东莞市	8.511	55	济宁市	1.511
6	成都市	6.724	56	珠海市	1.504
7	苏州市	6.689	57	盐城市	1.489
8	佛山市	5.439	58	江门市	1.486
9	郑州市	5.282	59	赣州市	1.483
10	杭州市	5.12	60	大连市	1.451
11	重庆市	4.861	61	汕头市	1.436
12	西安市	4.2	62	烟台市	1.419
13	武汉市	4.18	63	沧州市	1.349
14	长沙市	4.036	64	唐山市	1.329
15	天津市	3.631	65	邢台市	1.321
16	惠州市	3.607	66	湛江市	1.315
17	宁波市	3.475	67	海口市	1.236
18	南京市	3.346	68	衡阳市	1.233
19	无锡市	2.938	69	漳州市	1.204
20	昆明市	2.9	70	湖州市	1.185
21	合肥市	2.882	71	绵阳市	1.173
22	中山市	2.881	72	德州市	1.158
23	温州市	2.855	73	肇庆市	1.151
24	青岛市	2.725	74	扬州市	1.134
25	金华市	2.699	75	茂名市	1.133
26	南宁市	2.668	76	张家口市	1.103
27	贵阳市	2.518	77	淮安市	1.095
28	嘉兴市	2.492	78	清远市	1.094
29	泉州市	2.474	79	西宁市	1.069

续表

排序	城市	人口吸引力指数	排序	城市	人口吸引力指数
30	保定市	2.453	80	南充市	1.02
31	济南市	2.417	81	镇江市	1.019
32	哈尔滨市	2.254	82	连云港市	1.017
33	沈阳市	2.222	83	银川市	0.993
34	厦门市	2.202	84	泰安市	0.993
35	太原市	2.197	85	呼和浩特	0.957
36	福州市	2.174	86	柳州市	0.89
37	石家庄市	2.144	87	宜宾市	0.888
38	廊坊市	2.101	88	桂林市	0.861
39	南通市	2.018	89	淄博市	0.848
40	长春市	1.923	90	衡水市	0.812
41	徐州市	1.92	91	秦皇岛市	0.771
42	绍兴市	1.871	92	大同市	0.752
43	南阳市	1.849	93	拉萨市	0.692
44	台州市	1.832	94	乐山市	0.682
45	常州市	1.829	95	韶关市	0.65
46	邯郸市	1.829	96	大理	0.643
47	南昌市	1.726	97	三亚市	0.592
48	新乡市	1.693	98	云浮市	0.562
49	乌鲁木齐	1.661	99	潮州市	0.553
50	洛阳市	1.657	100	阳泉市	0.306

在表2-3中我们可以发现，有些城市创新力排名还不错，但城市吸引力排名就弱得多了。比如扬州市，创新力排在全国第33位，而城市吸引力却排到了全国第74位，吸引力指数仅为1.134，略高于1，仅能实现人口的低速增长。

这种情况说明，产业基础薄弱的创新投入，很难转化为现实的生产力，加大地方产业发展是当务之急，有助于创新落地。

2.2 中国大城市创新困境

从中国的创新力排名来看,特大型城市深圳、北京、上海稳稳占据着我国创新城市的前三名,归根结底这些城市所拥有的是省级资源,一般大城市难以达到,即便是省会城市也难以拥有如此庞大的创新资源。

中国百万人口以上的大城市要想在创新经济上脱颖而出,就必须克服并走出以下困境。

2.2.1 规模困境

城市的规模对创新力的影响是至关重要的。更大的城市规模就意味着更大的就业创造,就会产生更多的财政税收。而市政府在拥有了更多的财政税收后,就可以在创新发展上投入更多的财力。而超过一定的规模,创新力虽说会倍增,但城市病开始出现,宜居度急剧下降,有时候每天要花几个小时在上下班的路上。

从世界范围来看,对不同规模的城市也是有着不同的影响力划分和认定的,主要分为世界级城市、国际化都市、国际性城市、区域中心城市、地方中心城市六种。

世界级城市:能全世界(或全球)配置资源的城市,也称"全球化城市"。通常,城区人口 1000 万以上、城市 GDP 总值达世界 3% 以上的城市,能发展为世界城市。目前,纽约、东京、伦敦已建成世界级城市。

国际化都市:能在国际上许多城市和地区配置资源的城

市。通常，城区人口500万以上、城市GDP总值达3000亿美元以上的城市，能发展为国际化城市。目前，芝加哥、大阪、柏林、巴黎、首尔、香港、深圳、上海、北京等已建成国际化城市。

国际性城市：能在国际上部分城市和地区配置资源的城市。通常，城区人口500万以上、腹地较小的城市以及总人口2000万以上省的省会城市均有望发展为国际性城市。

区域中心城市：能在周边各城市和地区配置资源的城市。通常，城区人口300万以上、人口千万以上的城市均有望发展为区域中心城市。

地方中心城市：主要在本城市、本地区配置资源的城市。通常，城区人口300万以下、腹地人口千万以下的城市只能发展为地方中心城市。

就扬州来看，由于主城区人口才250多万，即便是农民转化进城也是增长有限，所以也就只能定位为区域中心城市，这个区域就是苏中地区。基于区域中心城市，目标区域创新中心。

城市的规模，反过来对于城市的聚集效应又有着决定性的影响。多大的规模，决定着城市可以提供什么样的功能配套设施。

城区人口5万以上，才有基本的生活服务业。

城区人口20万以上，才有较好的生活服务业。

城区人口50万以上，才有较发达的生活服务业。

城区人口100万以上，才有较好的产业服务业。

城区人口200万以上，才能以合理的税费，提供较好的公共服务，否则服务不足或腐败。

城区人口 300 万以上，才能支撑较发达的公共交通业，比如地铁和航空等，容易建成全国性大都市。

城区人口 500 万以上，才能有较发达的国际化公共服务业，容易建成国际化大都市。

城区人口 1000 万以上，才会有较发达的全球化公共服务业，容易建成全球化大都市。

但是，城区人口超过 1000 万时，会发生城市病。

城区人口超过 2000 万时，会发生较严重的城市病。

所以，根据联合国宜居城市评估院的标准，最宜居的城区规模为：人口为 300 万至 1000 万。其中，300 万—500 万为偏舒适型宜居城市，500 万至 1000 万为偏事业型宜居城市。实力型的城市人口为 1000 万至 2000 万，居住生活的舒适度则大为降低。

在增强创新力和提高宜居舒适度上如何平衡好城市的规模，这是一个幸福的烦恼。

2.2.2 人才困境

大城市之间的人才争夺目前也很激烈。现今社会跟 20 世纪八九十年代不一样，在 20 世纪八九十年代，基本上大学生被培养出来后，都是回到原籍人事局分配。很少有外流的，除非学生在大学期间特别优秀，会被留校或者其他系统有限分配走。最近 20 年，人才的流动性越来越强，大学毕业回到原籍工作的少之又少，绝大多数都会留在百万人口以上的大城市工作。回到小县城的，除非单位特别好、岗位特别稳定，如教师、医生、公务员、事业单位工作人员，或者银行、电力、烟草等国有企业。小城市的私营企业如不开出高薪,都很难招到理想的专业对口的大学生。即便偶尔招到几个,一旦业务成熟,也会辞职走人去大城市发展。

对于大城市来说,担心的不但是大学生人才问题,而且是人才能不能留得住的问题。特别是创新型人才能不能留得住。要知道,无论在哪个国家,创新型人才都是高端人才,是稀缺资源。根据社科院大学课题组的研究,一个普通本科班级,具有创新品质的学生比例大概在15%。与此同时,985院校的本科生具有创新品质的比例大概在30%,211院校的本科生具有创新品质的比例大概在20%。男生的创新意识是女生的3—4倍。

而这些调查中最终具有创新品质的学生流向特大城市的比例分别为50%、90%、70%。也就是说,具有创新品质的大学生的绝大多数就业的去向都是特大城市北上广深,接受创新机会的挑战。

此外,虽说都是百万人口以上的大城市,但大城市之间的人口规模争夺战,必然体现在人才争夺战之上。因为一般人口的迁徙动能是严重不足的,即便偶有出来打工,最终大多并不能融入城市。传统集体经济里地方农村户口所提供的福利是大城市无法比拟的。光一个宅基地以及宅基地建房权,就足以让农民工叶落归根、返回故土。城市规模增长的主要途径还是年轻人,也就是大学生人才。这些大学生人才由于未来婚姻以及子女教育的原因,必须融入就业成立家庭落户所在城市,带来城市实实在在的人口增长。而要能吸引大学生选择留下来,是目前我国各大大城市都在想方设法做的事情。所以，这几年，各个大城市出台的针对大学生群体的"抢人大战政策"是目不暇接，互相争着让利以提高城市的人才吸引力。

2.2.3 财力困境

由于我国的地方创新驱动大多由地方政府发起，各个地方政府都在花重金投入在交通、设施、创新平台、各种创新孵化器上，这就导致地方创新环境的形成、创新人才的引进、创新竞争优势地位，极大地依靠着地方财政支持。

在我国现行的分税制财政体制下，城市经济的发展主要还是依靠地方财力。对于一些特大型城市，由于具有规模效应，边际成本呈现下降趋势。同时，超大城市的就业机会充足又会带来大量人才的吸附，这种吸附全国年轻人才的局面继而又会导致超大城市的土地出现溢价现象，而在当前我国政府垄断土地一级市场的政策前提下，就意味着超大城市会获得超额土地垄断收益。这种超额土地垄断收益直接形成了地方财政收入，改善地方财政状况。最终改善地方营商环境和创新环境，提高创新力。

超大城市，特别是我国的直辖市，完全就是以一个省的财力来发展一个城市的模式。这种状况下的超大城市创新力超强具有天生的必然性。

与此同时，我国人口百万以下的中小城市的发展大多是执行跟随战略，并不寻求全面的创新驱动。跟随发展战略总体成本要低得多，由于没有创新的压力，中小城市可以随时作为大城市以及特大城市产业升级的梯度转移的承接方，接受一些劳动密集型、环境消耗型、能源消耗型的产业，分别以劳动、环境、能源等要素为承受对价接受相关企业，获得经济增长以及就业创造的新动力。如此看来，中小城市的创新的财政压力并不大，甚至有些小城市压根就没有创新的动机，自然谈不上创新的财政开支。小发展，小创新足矣；大发展，务求大的创新突破。不想发展，无须创新，太阳下面没有新鲜事，每天因循守旧过一天。

介于超大城市以及中小城市之间的大城市的创新的财政压力与困境并存。一方面是大城市发展的压力导致大城市也迫切需要创新提供发展动力，大城市必须走创新驱动战略。另一方面，要实现创新经济的增长效应，就要为创新经济提供相应的条件，打造出创新经济的优越环境。这些对于相关大城市来说就构成了重大财力约束。对于一些产业基础薄弱、营商环境较差或者面临主导产业升级换代的城市而言，其压力就更大。如何在财力基础不够的情况下，发展创新经济，就是一个特别需要技巧的工作。

2.3 发达国家地区的大城市创新经济状况

2.3.1 美国的大城市创新经济

根据 Worldometers 对联合国最新数据的阐述，截至 2019 年 10 月 16 日，美利坚合众国当前人口为 3.29 亿，占世界总人口的 4.27%。美国人的平均年龄为 37.7 岁。

美国的人口密度是 35 人/平方千米。总土地面积为 937

万平方千米。2.71亿人，占人口的82.5%的人居住在城市。美国的二十大城市情况如下：

1. 纽约

纽约为美国人口最多的城市，纽约大都会区的核心以及世界最大的城市之一。

位于东北部，左临大西洋海岸，拥有世界上最大的天然港口之一的纽约港。人口达到853万。

2. 洛杉矶

洛杉矶简称洛城，亦称罗省，地处美国加州南部，为加州第一大城市。

坐落在西海岸加州南部，靠近太平洋东侧的圣佩德罗湾和圣莫尼卡湾沿岸、背靠圣盖博山。人口约397万。

3. 芝加哥

芝加哥位于中西部，属伊利诺伊州、为库克县县治，东边就是著名的密歇根湖，全球城市排名中排名第7位。人口约270万。

4. 休斯敦

得克萨斯州的第一大城、全美国第四大城，也是墨西哥湾沿岸最大的经济中心。人口达到230万。

5. 凤凰城

凤凰城（菲尼克斯）位于亚利桑那州中部，通常被称为盐河谷或太阳山谷。是亚利桑那州的首府和最大城市。人口为161万。

6. 费城

费城是美国宾夕法尼亚州人口最多、面积最大的都市，同时是美国第五大城市。人口为156万。

7. 圣安东尼奥

圣安东尼奥位于得州中南部,是得州人口第二多的城市。人口约为150万。

8. 圣迭戈

圣迭戈是加州的一个太平洋沿岸城市。位于美国本土的西南角,紧邻墨西哥,温暖的气候和众多的沙滩举世闻名。人口为140万。

9. 达拉斯

达拉斯是得克萨斯州第三大城市、美国第九大城市,城市面积共385平方英里(997平方千米)。人口为131万。

10. 圣荷西

圣荷西,旧译山河城或山河市,属于美国加州旧金山湾区。位于旧金山湾区南部、圣克拉拉县、硅谷境内,人口为102万。

11. 奥斯汀

奥斯汀是美国得克萨斯州的首府、特拉维斯县县治,位于得州中部丘陵地带,在三大主要城市(休斯敦、达拉斯和圣安东尼奥)之间,人口为94万。

12. 杰克逊维尔

杰克逊维尔是佛罗里达州人口最多的城市及全美第十三大城市。人口为88万。

13. 旧金山

旧金山又称为三藩市,亦别称"金门城市""湾边之城""雾城"等。位于旧金山半岛的北端,东临旧金山湾、西近太平洋,是加州的第四大城市;人口总数达87万。

14. 哥伦布

哥伦布是俄亥俄州的州府，恰好处于塞奥托河与奥兰滕吉河的交汇处，现为美国第15大城市。人口为86万。

15. 印第安纳波利斯

印第安纳波利斯是美国印第安纳州首府，也是该州最大的城市、美国第十二大城市。人口为85万。

16. 福和市

福和市又名沃思堡，是得克萨斯州的第六大城市，也是塔兰特县的首府，位于达拉斯西边30英里。人口为85万。

17. 夏洛特

夏洛特是北卡罗来纳州最大和全国第十七大的城市，在北卡罗来纳州中南部、靠近与南卡罗来纳州的边界。人口为84万。

18. 西雅图

西雅图是华盛顿州的一座港口城市，位于华盛顿州金郡以及普吉特海湾和华盛顿湖之间，距美加边境约有174千米，是该州最大的城市，同时也是美国太平洋西北区最大的城市。人口为70万。

19. 丹佛

丹佛是美国科罗拉多州的一个合并市县，也是科罗拉多州的最大城市和首府，人口为69万。

20. 厄尔巴索

厄尔巴索是得克萨斯州艾尔帕索县县治，位于得州西部，隔格兰德河与墨西哥的华雷斯城相望。是该州第六大城、全国第十九大城市。人口约为68万。

2. 中外大城市的创新经济

加利福尼亚州是美国人口最多的州,人口数量为0.39亿,占美国总人口的12%。得克萨斯州虽然地理范围较大,人口数量却为0.28亿,占美国总人口的8.75%。加州由于高科技的发展,一直都是移民尤其是亚洲移民的主要目的地,所以在将来很长的一段时间内,加州都能稳坐美国人口第一州的宝座(见表2-4)。

表2-4 2018年美国城市人口排名

排名	城市	州份	人口
1	纽约	纽约州	8537673
2	洛杉矶	加利福尼亚州	3976322
3	芝加哥	伊利诺伊州	2704958
4	休斯敦	得克萨斯州	2303482
5	菲尼克斯	亚利桑那州	1615017
6	费城	宾夕法尼亚州	1567872
7	圣安东尼奥	得克萨斯州	1492510
8	圣迭戈	加利福尼亚州	1406630
9	达拉斯	得克萨斯州	1317929
10	圣荷西	加利福尼亚州	1025350
11	奥斯汀	得克萨斯州	947890
12	杰克逊维尔	佛罗里达州	880619
13	旧金山	加利福尼亚州	870887
14	哥伦布	俄亥俄州	860090
15	印第安纳波利斯	印第安纳州	855164
16	福和市	得克萨斯州	854113
17	夏洛特	北卡罗来纳州	842051
18	西雅图	华盛顿州	704352
19	丹佛	科罗拉多州	693060
20	厄尔巴索	得克萨斯州	683080
21	华盛顿	哥伦比亚特区	681170
22	波士顿	马萨诸塞州	673184
23	底特律	密歇根州	672795
24	纳什维尔	田纳西州	660388

续表

排名	城市	州份	人口
25	孟菲斯	田纳西州	652717
26	波特兰	俄勒冈州	639863
27	俄克拉荷马城	俄克拉荷马州	638367
28	拉斯维加斯	内华达州	632912
29	路易斯维尔	肯塔基州	616261
30	巴尔的摩	马里兰州	614664
31	密尔沃基	威斯康星州	595047
32	阿布奎基	新墨西哥州	559277
33	图森	亚利桑那州	530706
34	弗雷斯诺	加利福尼亚州	522053
35	萨克拉门托	加利福尼亚州	495234
36	梅萨	亚利桑那州	484587
37	堪萨斯城	密苏里州	481420
38	亚特兰大	佐治亚州	472522
39	长滩	加利福尼亚州	470130
40	科罗拉多泉	科罗拉多州	465101
41	罗利	北卡罗来纳州	458880
42	迈阿密	佛罗里达州	453579
43	弗吉尼亚比奇	弗吉尼亚州	452602
44	奥马哈	内布拉斯加州	446970
45	奥克兰	加利福尼亚州	420005
46	明尼阿波利斯	明尼苏达州	413651
47	图尔萨	俄克拉荷马州	403090
48	阿灵顿	得克萨斯州	392772
49	新奥尔良	路易斯安那州	391495
50	威奇托	堪萨斯州	389902
51	克里夫兰	俄亥俄州	385809
52	坦帕	佛罗里达州	377165
53	贝克斯菲尔德	加利福尼亚州	376380
54	奥罗拉	科罗拉多州	361710
55	檀香山	夏威夷州	351792
56	安那罕	加利福尼亚州	351043
57	圣安娜	加利福尼亚州	334217
58	科珀斯克里斯蒂	得克萨斯州	325733
59	里弗塞得	加利福尼亚州	324722

2. 中外大城市的创新经济

续表

排名	城市	州份	人口
60	莱克星顿	肯塔基州	318449
61	圣路易斯	密苏里州	311404
62	斯托克顿	加利福尼亚州	307072
63	匹兹堡	宾夕法尼亚州	303625
64	圣保罗	明尼苏达州	302398
65	辛辛那提	俄亥俄州	298800
66	安克雷奇	阿拉斯加州	298192
67	亨德森	内华达州	292969
68	格林斯伯勒	北卡罗来纳州	287027
69	普拉诺	得克萨斯州	286057
70	纽瓦克	新泽西州	281764
71	林肯	内布拉斯加州	280364
72	托莱多	俄亥俄州	278508
73	奥兰多	佛罗里达州	277173
74	丘拉维斯塔	加利福尼亚州	267172
75	尔湾	加利福尼亚州	266122
76	韦恩堡	印第安纳州	264488
77	泽西城	新泽西州	264152
78	达勒姆	北卡罗来纳州	263016
79	圣彼德斯堡	佛罗里达州	260999
80	拉雷多	得克萨斯州	257156

美国城市数量很多，就像美国的大学很多一样。因为美国是一个不喜欢也不允许垄断的国家。但美国的城市以及美国大学总体上规模都不是很大，极少有万人以上的大学以及百万人以上的大城市。不像中国，随意一所本科学校基本都是万人规模，很多三线城市甚至四线城市都有百万以上人口。

美国的名城奥兰多新泽西居然才20多万人，在中国那就是不可思议的。

在各个城市的创新力方面，一般有两种统计方式，第一种是按照每十万人的专利数等指标进行平均统计，这样一来，反映的是人均化的创新力。第二种是按照总的专利数、高校学生数等指标进行统计,这样反映出来的是总的实际创新力。

首先,我们先看第一种统计排序,2016年wallst研究所评选出的美国25个最具创新力的城市(表2-5)。其主要参考指标为每10万城市居民拥有专利的数量,以及拥有学士及以上学位成年居民的比例。同时,该榜单也参考了各城市科技公司、研究机构(包括大学)、风险投资、政府激励政策等方面的发展状况。

表2-5　10万人均模式下的美国城市创新力排名

排名	城市/州	2015年每10万居民的专利数	2015年专利数	人口数量	成年人中拥有学士及以上学位的比例
1	圣何塞-森尼韦尔-圣克拉拉/加州	739.5	143,473	1,976,836	50.8%
2	布雷默顿-锡尔弗代尔/华盛顿州	348.7	7,278	260,131	33.5%
3	罗切斯特市/明尼苏达州	263.7	5,907	213,873	39.2%
4	博尔德/科罗拉多州	260.2	9,137	319,372	63.2%
5	圣克鲁斯-沃森维尔/加州	247.3	7,273	274,146	40.2%
6	安娜堡/密歇根州	218.7	7,928	358,880	54.5%
7	旧金山-奥克兰-弗里蒙特/加州	209	89,981	4,656,132	49.3%
8	伯灵顿-南伯灵顿/佛蒙特州	169.4	6,263	216,661	43.0%
9	圣地亚哥-卡尔斯巴德-圣马科斯/加州	165.5	45,465	3,299,521	38.89%
10	科瓦利斯市/俄勒冈州	154.2	3,473	87,572	53.8%
11	特伦顿-尤因/新泽西州	145.9	5,810	371,398	43.9%
12	奥斯汀-圆石城-圣马科斯/得克萨斯州	134.9	33,753	2,000,860	44.8%
13	伊萨卡/纽约州	133.4	1,638	104,926	52.2%
14	西雅图-塔科马-贝尔维尤/华盛顿州	126.9	44,406	3,733,580	41.9%
15	波士顿-剑桥-昆西/马萨诸塞州-新罕布什尔州	124.6	62,653	4,774,321	47.6%
16	奥尔巴尼-斯克内克塔迪-特洛伊/纽约州	123.6	10,841	881,830	37.2%
17	罗利-卡里/北卡罗来纳州	120.5	15,950	1,273,568	46.2%
18	科林斯堡-拉夫兰/科罗拉多州	117.5	5,861	333,577	47.9%
19	罗切斯特/纽约州	112.5	20,239	1,081,954	34.1%
20	哥伦布市/印第安纳州	112.1	816	81,162	35.1%
21	达勒姆-教堂山/北卡罗来纳州	109.9	6,861	552,493	46.9%
22	皮奥里亚/伊利诺伊州	108.8	3,321	376,987	30.0%
23	博尔德-南帕/爱达荷州	106.8	19,188	675,800	30.1%
24	圣塔芭芭拉-圣玛丽亚-戈拉塔/加州	105.2	4,130	444,769	35.2%
25	格里利/科罗拉多州	98.2	3,120	285,174	27.5%

根据表2-5可见,该排名模式下,美国城市创新力TOP10里面,百万人口以上的大城市只有硅谷、旧金山、圣迭戈三座,其他七座都是人口百万以下的中小城市,其中最小的

科瓦利斯市只有 8 万多人。而 TOP11—25 的创新力城市中，百万人口以上的也就只有 5 座，其他 10 座都是百万人口以下的中小城市。

换一种排名方式，按照整体创新力来排名，我们能找到的资料为 Inc. 杂志 2014 年发布的美国最具创新力的 20 个城市，该排名根据 2000 至 2011 年间的专利拥有总量列出了美国最具创新力的 20 座城市（见表 2-6）。

表 2-6 美国创新力 TOP20

排名	城市	所在州	人口（万人）
1	硅谷	加州	143
2	波特兰	俄勒冈	64
3	旧金山	加州	87
4	圣迭戈	加州	140
5	明尼安那波利斯	印第安纳州	86
6	芝加哥	伊利诺伊州	270
7	亚特兰大	佐治亚州	47
8	底特律	密歇根州	67
9	费城	宾州	157
10	波士顿	马萨诸塞州	68
11	纽约	纽约州	854
12	洛杉矶	加州	398
13	西雅图	华盛顿州	71
14	达拉斯	得克萨斯州	132
15	休斯敦	得克萨斯州	230
16	奥斯汀	得克萨斯州	95
17	博伊西	爱达荷州	22
18	华盛顿	哥伦比亚特区	68
19	凤凰城	亚拉巴马州	38
20	罗切斯特	纽约州	22

在这个排名里，我们依旧可以发现，创新力排名在前十的城市，百万人口以上的大城市仅有四个，六座是人口在百万以下的中小城市。而排名在11—20的，百万以上人口的大城市也仅仅为四座，六座是百万人口以下的中小城市。

这种现象说明，美国的创新力在不同规模的城市上总体还是均衡的。美国城市创新力跟城市规模有关系，但又不像中国的城市创新力那样，严格受到城市规模的制约。这背后的经济学原因，就在于美国的大城市所聚集的创新资源和要素比不上中国的大城市。美国城市政府的创新驱动能力有限。从本质上说，美国的城市创新力并非主要来自政府推动，而是来自市场推动。凯恩斯所宣扬的"看得见的手"并没有能力大规模介入到创新中去。

2.3.2 日本的大城市创新经济

从世界范围来看不同的国家创新力，美国的创新力还是首屈一指的。迄今为止，美国的大学汇集了全球70%以上的诺贝尔奖获得者。

在全球最顶尖的20所大学中，按科学贡献度计算，美国占了17所，清华大学的排名远远落后，在600名左右。从麻省理工到加州理工，培养了全世界最好的工程师和最顶尖的科学家。

全球十大科技顶尖公司，美国占据了八家！英特尔向全世界提供芯片，微软公司和甲骨文公司占据了软件业的基础市场（从百度到腾讯到中国各个政府部门，都使用甲骨文提供的数据库软件和技术）。

2.中外大城市的创新经济

美国拥有全球最顶尖的实验室,在军工领域,在航空航天领域,在医学技术领域,在信息科学领域等,美国以无可匹敌的实力和压倒性的技术优势雄居世界之首。

在美国国家专利局的专利申请数中,日本是仅次于美国的第二大国,这一直被视作日本创新能力的一个重要指标。在全球大学的排行榜和对世界科技的贡献度上面,日本的大学也是仅次于美英。

日本拥有很多大集团和大公司,如东芝,三菱等等,这些公司都拥有很强悍的科研实力,日本注重细节的精神让他们的产品在市场上拥有更好的用户体验,从而占据市场,这也让他们拥有更多研发经费。从开始的仿造到后来的技术创新,日本的崛起成为亚洲的一个神话。

在20个关键科技领域,日本的排名都很不错,在材料科学、尖端机器人等领域,日本都拥有强大的科研实力。

进入21世纪以来,才19年,日本的诺贝尔奖得主就已有19人,而且获物理学奖的和化学奖的人数最多。仅次于美国。

日本的最大城市东京,近几年一直排在世界城市创新力第一名。有代表性的科技创新就是机器人、数码、3D等领域。

日本的十大城市分别为:

1. 东京。日本首都东京是一座世界公认的现代化国际大城市。位于本州岛关东平原南端,东南濒临东京湾,通连太平洋,面积2162平方千米,人口1177万左右。有190多所大学,占日本全国大学数量的50%左右。近70%的大学生都集中在东京地区。

东京是日本最大的工业城市，工业产值居全国第一位。主要工业有钢铁、造船、机器制造、化学工业、皮革、电机、纤维、石油、出版印刷和精密仪器等。

东京是日本的商业、金融中心。各大银行在东京几乎都设有总行。东京的股票市场和各种商品交易所也闻名于世。银座是东京的主要繁华街道。近年来，闹市区的中心逐步由银座移向新宿、池袋、涩谷。

2. 横滨。横滨是神奈川县的首府，是仅次于东京，也紧邻东京的日本第二大城市，世界第二大国际海港，面积435平方千米，人口3273万左右。经济上是日本第三大城市，也是全国最大的海港。

横滨是京滨工业区的中心之一，工业产值仅次于东京、大阪，居全国第三位。运输机械（汽车、船舶）、电机电器和食品加工是三大主要工业部门，共占全市工业产值的一半以上。其他工业有钢铁、炼油、化工等。

横滨港是全国最大的海港，横滨港贸易额长期居全国首位，横滨与东京相距25千米，两市之间的各种交通设施齐备，时间距离仅20分钟左右。

3. 大阪。大阪是大阪府的首府，地处本州岛西南部的大阪湾畔。全市面积223平方千米，人口248.1万人，是日本人口第三多的城市。大阪经济实力雄厚，仅次于东京，居全国第二位。大阪也是全国水陆交通中心。

大阪是综合性的现代化工业城市，以钢铁、机械制造、造船、化工、纺织和造纸工业为主，住友金属、日立造船、川崎重工等大企业均在市内设厂。工业产值居全国第二位。

沿大阪湾海岸，南起和歌山，西到姬路，包括神户、京都在内，是有名的阪神工业区，周围有约30个卫星城市。

大阪也是日本西部的文化教育中心，有大学40多所，府立图书馆、朝日新闻社都集中于此。

4. 名古屋。名古屋是爱知县的首府，是日本第四大工业城市，位于本州中部地区的西侧，濒临伊势湾。面积326平方千米，人口211万人。

名古屋是综合性大工业城市，为中京工业带（指伊势湾沿岸一带的工业区）的核心。名古屋的木材加工、毛纺、陶瓷工业居全国首位，汽车、钢铁、一般机械、金属加工、精密仪器、化学工业等也很发达。全市有工厂1.8万余家，三菱重工、住友轻金属工业公司等都在此设厂。

名古屋商业也很发达，是全国三大批发商业中心之一。该市的爱知丰田汽车销售公司和松阪屋百货公司是全国闻名的大商业企业。

5. 神户。神户是日本西部近畿地方兵库县的都市，属于日本三大都市圈之一大阪都市圈的重要城市，面积557平方千米，人口152万人。神户位于日本四大岛中最大的一个岛——本州岛的西南部，西枕六甲山，面向大阪湾。神户位于京阪神大都市圈，是日本的主要国际贸易港口城市。

1868年，神户成为日本最早开放对外国通商的五个港口之一，之后神户迅速发展为日本最重要的港湾都市之一。1995年的神户大地震虽然给神户带来了巨大的打击，然而经过了多年的重建，神户的都市建设和人口都已超过地震之前的水准。神户也是一座宜居都市，在2007年入选福布斯杂志评出的"世界最清洁的25座城市", 2012年被瑞士的咨询公司ECA国际评选为世界宜居都市第五位,是唯一入选前10位的日本都市。

6. 京都。京都府位于日本本州岛的中部,近畿地区中央以北,北濒日本海,西与大阪府、兵库县接壤。京都府面积4613平方千米,人口265万,是日本人的精神故乡,是日本文化的源点,是日本的文化象征之地。古都京都是根据历来王朝文化中盛行的日本式唯美意识所构建的。京都以神社、佛阁等历史建筑物、庭院、绘画、传统活动、京都料理为代表,也被称为日本的"千年古都"。

京都、福冈和神户地区是日本比较适合人类繁衍生息的地方,石器时代就有东亚大陆的人从东北亚迁移过去居住了。《源氏物语》就起源于京都。京都还有一个很出名的寺庙叫"天龙寺"。京都的旅游、动画产业最出名。

7. 福冈。福冈是日本九州地方北部的福冈县的县厅所在地,属于日本三大都市圈之外的"九州-福冈都市圈"的一部分,属于日本地域中的九州地区。福冈是九州地方人口最多且最发达的县,也是日本三大都市圈以外唯一人口密度超过每平方千米千人的县,面积4973平方千米,人口506万。福冈县内拥有福冈市和北九州市两个政令指定都市。福冈县在明治时代之后曾因煤矿资源而成为日本四大工业带之一,现在的经济主体则以服务业为主。

福冈县内设有九州大学、北九州市立大学、九州工业大学等日本一流国公立大学。

福冈县地理位置靠近东亚大陆,距离福冈县最近的特大都市是韩国首尔而非日本国内城市。福冈市距上海市的距离与到东京距离相当。福冈县自古代就是东亚文化流入日本的窗口。

8. 千叶。千叶是日本三大都市圈之一，东京都市圈的重要城市，是日本本州东南部重要工业港市的千叶县首府。千叶面积269.8平方千米，人口97.5万。高校有千叶大学。千叶地处东京湾沿岸平原，夏季湿润高温，冬季干燥少雪。12—19世纪中叶是联系江户和东京湾沿岸地区的中转商业港。

9. 埼玉。埼玉位于日本埼玉县东南部，是日本埼玉县县政府所在地。埼玉的日本官方正式名称为さいたま市，也是日本各县厅所在地中，唯一以平假名作为官方正式名称的行政单位。埼玉面积217平方千米，人口125万人。

10. 广岛。广岛建于1589年，位于日本本州西南，在第二次世界大战中曾受原子弹的破坏，在1958年重建。土地905平方千米，人口118万。广岛作为世界上第一个被原子弹严重破坏的城市，在原子弹爆炸之处，建造了广岛和平纪念公园，以祈求永久的和平。二战时期广岛也是日本的毒气研发基地、臭名昭著的日军第五师团兵源地，日军大本营所在地。广岛跟九州熊本市的日军第六师团齐名，都是恶名在外。

11. 川口。川口是位于日本埼玉县东南部的一个城市。川口在埼玉县南端，与东京都相邻。其地理位置对东京的上班、上学族非常方便，也使它成为一座充满活力的城市。川口人口约58万，与埼玉同为埼玉县的经济和文化中心，国际化特色极为浓厚，是埼玉县内第二大的城市。

在2018年世界城市创新力排名中，日本的东京排第一。

这是一个总量排序模式，同时上榜的还有日本的大阪、横滨、神户、名古屋、福冈等城市。总体来说，日本创新力排名靠前的城市基本都是人口百万以上的大城市。这说明，在日本存在着城市规模的集聚效应，城市规模越大，聚合的创新资源禀赋越强，创新力越强。

2.3.3 英国的大城市创新经济

英国就一个国家而言，其国家的创新力在全球排名相当高，一般公认为可以排在前三。英国百万以上人口的大城市就伦敦以及伯明翰两座，其他的城市人口都在百万以下。而且，伯明翰的市区人口也就是110万左右。

英国的国家创新力更多是来自伦敦大都市的创新力。

1. 伦敦。伦敦是大不列颠及北爱尔兰联合王国（简称英国）的首都，欧洲最大的城市。与美国纽约、日本东京并列为世界上最大的三大金融中心。目前中国的上海、香港已经在对标赶超。

伦敦位于英格兰东南部的平原上，横跨泰晤士河。16世纪后，随着大英帝国的快速崛起，伦敦的规模也迅速扩大。目前面积为1605平方千米，市区拥有756万多人。

伦敦是英国的政治、经济、文化、金融中心，也是世界著名的旅游胜地，有数量众多的名胜景点与历史遗迹。伦敦是多元化的大都市，居民来自世界各地，是一座种族、宗教与文化的大熔炉城市。

伦敦是英国学生数量最多的城市，拥有300多所各种大学、学院、学校，近5000个跨国公司科研机构以及各种学术研究机构。伦敦大学、帝国理工学院、格林尼治大学、英国城市大学、皇家音乐学院、皇家艺术学院、皇家舞蹈学校等是伦敦的著名院校,在全世界都有着重要影响力。而众多的高等院校以及科研机构也在源源不断地为这座城市输送着强大的创新力。

2. 伯明翰。伯明翰是仅次于伦敦的英国第二大国际化城市,市区人口110万人,面积为268平方千米,仅次于伦敦。伯明翰地处英格兰中心、在伦敦至利物浦的铁路干线上,交通四通八达。大伯明翰地区是拥有欧洲最年轻人口的地区,已经连续三年被全球美世生活指数排名为英国最佳生活质量城市,拥有世界级公司、研发中心、世界知名大学和创新企业,伯明翰拥有超过1900家国际公司。

伯明翰是工业革命的发源地,瓦特的蒸汽机就是在这里发明出来的。现在伯明翰是英国主要的制造业中心之一,工业部门繁多,以重工业为主。是世界最大的金属加工地区,有黑色冶金、有色冶金(铜、锌、黄铜、铝、镍)、机床、仪表、车厢、自行车、飞机、化学、军工等工业。伯明翰的汽车工业规模很大,有"英国底特律"之称。伯明翰是全世界最大、最集中的工业区。英国25%以上的出口产品是在伯明翰区域制造的。

3. 利兹。利兹是英国第三大城市,英格兰西约克郡的首府。利兹是英国第二大金融中心和第二大法律中心,是一座国际化大都市,英国中部重要的经济、商业、工业和文化中心,英格兰八大核心城市之一,位于英国的地理中心,伦敦和爱丁堡之间,是英国重要的交通枢纽。利兹市区人口超过78万,是英国人口规模第三大的城市,仅次于伦敦和伯明翰。

4. 格拉斯哥。格拉斯哥是苏格兰第一大城市，人口60万，英国第四大城市。位于中苏格兰西部的克莱德河河口。格拉斯哥是英国第三大制造业城市，仅次于伯明翰和利兹。制造业曾是该城市的中心产业，克莱德河畔的造船业更是重中之重。近年来格拉斯哥逐渐发展成为欧洲十大金融中心之一，众多苏格兰企业总部设于此。

5. 曼彻斯特。曼彻斯特是英国的老牌工业城市，世界上第一座工业化城市，工业革命后借助于纺织业开始崛起。曼彻斯特现在是英国第二繁华的城市，人口51万。曼彻斯特是英国重要的交通枢纽与商业、金融、工业、文化中心。

6. 纽卡斯尔。纽卡斯尔是英格兰20世纪最受欢迎的城市之一，著名的纽卡斯尔大学坐落在市中心，市区人口50万。该市处在英格兰东北部泰恩河北岸，是泰恩河畔卫星城市中最大的一个。纽卡斯尔是英格兰八大核心城市之一。

7. 利物浦。利物浦是英格兰西北部的港口城市，英格兰传统八大核心城市之一，市区人口约为47万。利物浦是默西塞德郡的首府，位于伦敦西北。利物浦是英国著名的商业中心，也是第二大商港，对外贸易占全国的1/4。出口量居英国首位，进口量仅次于伦敦。

利物浦是世界知名的披头士（甲壳虫）乐队的故乡，拥有一所英国久负盛名的老牌名校利物浦大学，在利物浦大学的中国留学生就有一万多人。利物浦与中国的贸易源远流长，可上溯至清朝年间。市内建有欧洲最古老的中国城。

8. 诺丁汉。诺丁汉是英国诺丁汉郡的首府，在伦敦北部约200千米。诺丁汉市区的人口为32万。2015年，诺丁汉被评为联合国教科文组织文学城。该城市拥有的诺丁汉大学是世界著名大学,也是中国留学生较多的英国高校之一。

9. 谢菲尔德。谢菲尔德位于英国的中心,也叫"英国钢铁之都",建在七座山之上,坐落于英格兰南面的约克郡,是伦敦以外英国最大的八座城市之一。谢菲尔德城市人口为56万左右。谢菲尔德是一座大学城,著名大学有世界一流的谢菲尔德大学和谢菲尔德哈勒姆大学。在1999年的学生投票中,谢菲尔德当选为"当地居民和学生关系最为融洽"的大学城,是一个名副其实的学习的好地方,几乎整个城市的一半都掩隐在匹克峰国家公园之中,山川、河流、溪谷……如画般的风景就在家门口。在这里还有充满了传奇色彩的罗宾汉故事,世界名著《简·爱》的写作地点也是这里。谢菲尔德有华人留学生两万多,是英国华人留学生最多的城市。

10. 贝尔法斯特。贝尔法斯特位于爱尔兰岛东北沿海的拉干河河口,在贝尔法斯特湾的西南侧,是英国北爱尔兰的最大海港。自1920年起成为北爱尔兰的首府。现有人口28万,是北爱尔兰的政治、文化中心和最大的工业城市。

11. 爱丁堡。爱丁堡是英国著名的文化古城,是苏格兰首府,位于苏格兰中部低地的福斯湾的南岸。面积260平方千米,市区人口47万。爱丁堡1329年建市,造纸和印刷出版业历史悠久,造船、化工、核能、电子、电缆、玻璃和食品等工业也很重要。

苏格兰国家博物馆、苏格兰国家图书馆和苏格兰国家画廊等重要文化机构也位于爱丁堡。在经济上,现在的爱丁堡主要依靠金融业,是伦敦以外英国最大的金融中心。

爱丁堡有着悠久的历史,许多历史建筑亦完好地保存下来。爱丁堡城堡、荷里路德宫、圣吉尔斯大教堂等名胜都位于此地。爱丁堡的旧城和新城一起被联合国教科文组织列为世界遗产。2004年爱丁堡成为世界第一座文学之城。爱丁堡的教育也很发达,英国最古老的大学之一爱丁堡大学就坐落于此,现在还是世界顶尖名校。2015年全球权威世界大学排名中爱丁堡大学排名世界第17位,位列苏格兰地区第一名。爱丁堡国际艺术节闻名世界,爱丁堡是仅次于伦敦的英国第二大旅游城市。

12. 考文垂。考文垂是英国英格兰西米德兰郡的一座城市。曾以纺织业驰名于世。地处英格兰中心,靠近伯明翰,面积98平方千米,市区人口约35万。考文垂15世纪中叶是英国重要的纺织工业中心,18世纪以钟表业著称。19世纪出现汽车等重工业。1896年,英国第一辆戴姆勒汽车在考文垂诞生。20世纪开始发展人造纤维、电子和军火工业。

考文垂有两所世界著名大学,一所是考文垂大学,另一所是华威大学,是英国少有的拥有完整校园的大学。这两所大学在全英排名在第十左右。

英国众多的世界知名高校以及世界500强公司的研发中心使得英国的创新力持久不衰。

3. 双链融合——大城市经济发展弯道超车

20世纪80年代后,很多经济学家认识到,在激烈的国内国际发展竞争中,一个城市要想实现"弯道超车式"的快速发展,少走甚至不走费力费事的"直角路",就离不开经济创新。而城市创新经济怎么发展,近几年陆续推出了一些"双链融合理论""三链融合理论""四链融合理论"等创新经济发展的新理论。本书中主要立足探讨"产业链和创新链——双链融合"发展理论。

3.1 基本内涵

3.1.1 产业链

产业链是产业经济学中的一个概念,是各个产业部门之间基于一定的技术经济关联,并依据特定的逻辑关系和时空布局关系客观形成的链条式关联关系形态。产业链是一个包含价值链、企业链、供需链和空间链四个维度的概念。这四个维度在相互"对接"的均衡过程中形成了产业链。这种"对接机制"是产业链形成的内在模式,就像一只"看不见的手"调控着产业链的形成。

产业链的本质是用于描述一个具有某种内在联系的企业群结构,它是一个相对宏观的概念,存在两维属性:结构属性和价值属性。产业链中大量存在着上下游关系和相互价值的交换，上游环节向下游环节输送产品或服务，下游环节向上游环节反馈信息。

具体来说，产业链具有以下四种意思表达：

1. 产业链是产业层次的表达。
2. 产业链是产业关联程度的表达。
3. 产业链是资源加工深度的表达。
4. 产业链是满足需求程度的表达。

产业链是对产业部门间基于技术经济联系而表现出的环环相扣的关联关系的形象描述。区域产业链将产业链的研究深入到区域产业系统内部，分析各产业部门之间的链条式关联关系，探讨城乡之间、区域之间产业的分工合作、互补互动、协调运行等问题。在经济实践中，不少地区在进行着区域产业链构建与延伸的积极尝试。

产业链又分为狭义上的产业链和广义上的产业链。

狭义上的产业链是指从原材料一直到终端产品制造的各生产部门的完整链条，主要面向具体生产制造环节。

广义上的产业链是在面向狭义上的生产的产业链的基础上尽可能地向上、下游拓展延伸。产业链向上游延伸一般使得产业链进入到基础产业环节和技术研发环节，而向下游拓展则进入到市场拓展环节。产业链的实质就是不同产业的企业之间的关联，而这种产业关联的实质则是各产业中的企业之间的供给与需求的关系。

随着技术的发展，迂回生产程度的提高，生产过程划分为一系列有关联的生产环节。分工与交易的复杂化使得在经济中通过什么样的形式联结不同的分工与交易活动成为日益突出的问题。企业难以应付越来越复杂的分工与交易活动，不得不依靠企业间的相互关联，这种最佳企业组织结构的动力与实践就成为产业链形成的条件。

产业链形成的原因在于产业价值的实现以及创造产业链是产业价值实现和增值的根本途径。任何产品只有通过最终消费才能实现，否则所有中间产品的生产就不能实现。同时，产业链也体现了产业价值的分割。随着产业链的发展，产业价值由在不同部门间的分割转变为在不同产业链节点上的分割，产业链也是为了创造产业价值最大化，它的本质是体现"1+1>2"的价值增值效应。这种增值往往来自产业链的价值乘数效应，它是指产业链中的某一个节点的效益发生变化时，会导致产业链中的其他关联产业相应地发生倍增效应。产业链进行价值创造的内在要求是：生产效率≥内部企业生产效率之和（协作乘数效应）；同时，交易成本≤内部企业间的交易成本之和（分工的网络效应）。企业间的关系也能够创造价值。价值链所创造的价值取决于该产业链中企业间的投资。不同企业间的关系将影响它们的投资，并进而影响被创造的价值。通过鼓励企业做出只有在关系持续情况下才有意义的投资，关系就可以创造出价值来（见图3-1）。

产业链具有完整性。产业链是相关产业活动的集，其构成单元是若干具有相关关系的经济活动集合，即产业环或者具体的产业部门；而产业环（产业部门）又是若干从事相同经济活动的企业群体。从事相似或相同经济活动的企业为实现自身利益最大化，必然努力探寻自身经济活动的优区位。

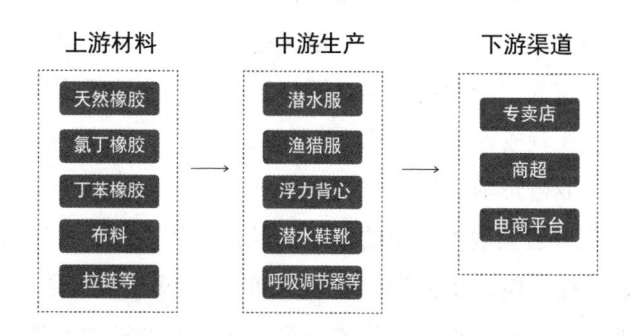

```
上游材料           中游生产           下游渠道
天然橡胶           潜水服             专卖店
氯丁橡胶           渔猎服             商超
丁苯橡胶           浮力背心           电商平台
布料               潜水鞋靴
拉链等             呼吸调节器等
```

图 3-1 产业链简要示意图

在这种"循优推移"的过程中,一方面,产业环(产业部门)的微观构成单位——个体的企业,为了获取集聚经济效益,逐步聚集到适合其发育成长的优区位,即原先分布于各区域的同类企业在优区位实现"企业扎堆";另一方面,各个产业环(产业部门),为了获取地域产业分工效益,由于具有不同经济特点和追求各自的优区位而在空间上趋于分散。这样,产业链系统内企业和部门循优推移的空间经济结果是,产业链的各环节分别布局或配置到适合其经济活动特征的特定地点。正因如此,当经济区划尺度较大时,比如说是大经济地带、大经济区、省域或者流域经济区时,或者说大到几乎囊括产业链的所有环节的地域空间时,产业链表现出明显的完整性;当经济区划尺度较小时,比如说仅是市域、县域或者说是产业集中发展区时,其地域范围一般难于包括产业链的各环节,这对于某一经济区域而言可能形成了特色产业,但是产业链却表现出明显的断续性。

3. 双链融合——大城市经济发展弯道超车

产业链具有层次性。产业链是产业环逐级累加的有机统一体，某一链环的累加是对上一环节追加劳动力投入、资金投入、技术投入以获取附加价值的过程，链环越是下移，其资金密集性、技术密集性越是明显；链环越是上行，其资源加工性、劳动密集性越是明显。由此，欠发达区域与发达区域的类型划分，往往是依据其在劳动地域分工格局中的专业化分工角色。一般而言，欠发达地区更多地从事资源开采、劳动密集的经济活动，其技术含量、资金含量相对较低，其附加价值率也相对较低；发达地区更多地从事深加工、精加工和精细加工经济活动，其技术含量、资金含量相对较高，其附加价值率也相对较高。因此，区域类型与产业链的层次之间产生了内在的关联关系，欠发达区域一般拥有产业链的上游链环，其下游链环一般则布局在发达区域。

产业链具有指向性。产业链的优化区位指向引导产业环或者集中或者分散地布局在不同的经济区位，表现为产业环具有明显的空间指向性。这种空间指向性主要表现为如下方面：第一，资源禀赋指向性，产业链基于对优区位的追求，势必在某种程度上依赖区域的资源禀赋，而后者的空间非集中性引起追逐资源禀赋的产业环的空间分散性。第二，劳动地域分工指向性，劳动地域分工使得各区域具有了自身的专业化生产方向，产业链对专业化分工效益的追求便造成了产业链的空间分散性。第三，区域传统经济活动指向性，区域传统经济活动通常是区域特定资源禀赋和区域经济特色的体现，经济活动的路径依赖性和惯性使得区域在产业链分工中具有深深的烙印。

产业链整合的本质是对分离状态的现状进行调整、组合和一体化。产业链整合是对产业链进行调整和协同的过程。对产业链整合的分析可以分别从宏观、产业和微观的视角进行。产业链整合是产业链环节中的某个主导企业通过调整、优化相关企业关系使其协同行动，提高整个产业链的运作效能，最终提升企业竞争优势的过程。

产业链整合模式以整合企业在产业链上所处的位置划分，可分为横向整合、纵向整合、混合整合三种类型。横向整合是指通过对产业链上相同类型企业的约束来提高企业的集中度，扩大市场势力，从而增加对市场价格的控制力，从而获得垄断利润。纵向整合是指产业链上的企业通过对上下游企业施加纵向约束，使之接受一体化或准一体化的合约，通过产量或价格控制实现纵向的产业利润最大化。混合整合又称为斜向整合，是指和本产业紧密相关的企业进行一体化或是约束，它既包括了横向整合又包括了纵向整合，是两者的结合。以整合是否涉及股权的转让可分为股权的并购、拆分以及战略联盟。股权并购型产业链整合是指产业链上的主导企业通过股权并购或控股的方式对产业链上关键环节的企业实施控制，以构筑通畅、稳定和完整的产业链的整合模式。拆分是指原来包括多个产业链环节的企业将其中的一个或多个环节从企业中剥离出去，变企业分工为市场分工，以提高企业的核心竞争力和专业化水平。战略联盟型产业链整合是指主导企业与产业链上关键企业结成战略联盟，以达到提高整个产业链及企业自身竞争力的目的。

3. 双链融合——大城市经济发展弯道超车

产业链整合的作用主要有以下方面：

1. 有利于企业成本的降低。
2. 有利于新企业的出现。
3. 有利于企业创新氛围的形成。
4. 有利于打造"区位品牌"。
5. 有利于区域经济的发展。

因此，产业链作为对具有相同利益诉求或关联特性的产业生产部门活动的统称，包括产品研发和生产等产前环节，运营和管理等中间环节，销售和服务等产后网络。借以常见的面粉产品产业链为例，关联起上游小麦麦种、农业药肥、农业机械等生产环节，中游面食制品、副产品加工的制造应用环节，下游市场消费等终端的订单购销和储存流通环节。这一连贯的体系和时空关系，连接组合起面粉产品前中后端的资源整合和需求识别，形成具有饱实层次感的链条形态。

本研究中提及产业链的定义视角倾向于落在资源与需求结构的对接（价值链和供需链）和空间上的集聚效应（企业链和空间链）。从扬州产业链发展的实际来看，宏观上，已初步打造出汽车及零部件、高端装备、新型电力设备等九大产业集群，以及产业资源和园区功能彼此适配、共同演进的地方特色空间链；微观上，在各产业集群内分别围绕环保、电子信息、汽车等主导产业形成了较为成熟的供需链，构成了多条产业基础较好、规模相对较大、上下游环节完整、点线面均衡发展的产业链条及体系。

3.1.2 创新链

创新链是指围绕某一个创新的核心主体，以满足市场需求为导向，通过知识创新活动将相关的创新参与主体连接起来，以实现知识的经济化过程与创新系统优化目标的功能链节结构模式。

相比产业链的具体，创新链则较为抽象。创新本是指在特定环境下创立或者创造出一个新的产品、设计、包装、生产方式等的过程。创新是新思维、新观念、新知识的综合体现。现代创新是多方面的，立体式的，既包括硬核科技上面的，又包括思想观念等软科学上面的。

创新链描述的是一项科技成果从创意的产生到商业化生产—销售整个过程的链状结构。创新链主要揭示知识、技术在整个价值创造过程中的流动、转化和增值效应，也反映各创新主体在整个价值创造过程中的衔接、合作和价值传递关系。

创新链可由要素整合、研发创造、商品化、社会效用化四个环节组成。

要素整合环节：这一环节主要是培养、调动以及整合人员、资金、设备、信息和知识储备等各创新要素，形成成套的科研力量乃至体系。

研发创造环节：在要素整合环节基础上，科研力量自发研究或者承接科研项目，发现新知识，形成新技术或成果。

商品化环节：将上一个环节的科研成果进一步与人员、资金、设备、信息、工艺、管理等要素结合，经过创意过程

3. 双链融合——大城市经济发展弯道超车

打造成具有价值的商品在市场上营销推广，并形成新兴产业或者应用于生产过程之中，从而产生经济效益的环节。

社会效用化环节：将科研成果或形成的商品应用于社会生活等领域的环节。社会效用化环节通常在商品化环节之后，但也有部分科研成果可以不通过商业化环节而直接应用于社会生活各领域，并产生相应的社会效应。

与创新链的各个环节相对应，科技合作又可以分为四种：研发导向的科技合作、市场导向的科技合作、社会应用导向的科技合作、要素导向的科技合作，每一种科技合作均侧重于科技活动创新链的具体需求。

创新链强调知识等新技术完成横向的经济化和纵向的集成优化，通常是指在某创新主体中，一个新技术、新理念、新思维依托生产、销售等相关平台进行探索获取、协同转移，再由供需关系的市场检验后，从基础研究到实用价值的过程集合。创新链主要揭示在某类特定技术轨道中的（如社会和企业内的研究院所）市场需求与知识创新活动的内在阶段关系。创新链本质活动是如何打通知识与财富的相互转化，前者主要涉及理论与技术等的创新创造，后者主要涉及市场需求的产业化。结合扬州的实践来看，扬州的创新链活动主要表现在通过扬州大学、西安交大产研中心等知识创造主体进行源头性创新，众创空间、科教研发园区等科创媒介对接优化技术与产业，产业园区、商务区和人才公寓等设施创新配套新技术进行资源集聚，融资平台、政务服务等软性条件润滑各个创新环节，最大程度地发挥出"know-how"产出，连接和满足扬州当下九大产业集群的建设需求。

3.1.3 产业链和创新链的"双链融合"

所谓创新链与产业链的双链融合（下文如未特别注明，均简称为"双链融合"），指创新链与产业链在产业环节、空间及功能上实现融合，在产业发展、技术革新、价值增值等多元素融合均衡协调发展，使得产业链为创新链提供研究基础与应用载体，创新链助力产业链纵向延伸与横向强化，在特定时期和区域能够实现产业转型和技术升级的一体化联动建设。因在关于全生态链条的理解在地域空间基础上存在着一定的差异，各地区及市彼此间所围绕和推进链条融合的出发点不能等同，须考虑并面对以往城市发展基础和产业空间布局，从现时发展上解决和探索产业的结构布局、发展模式失衡难点，均衡地构建科技企业创新高地。与人才链、资金链、服务链等链态相异的是，创新链和产业链可谓是事关四部门经济（企业、居民户、政府和国外部门）在特定区域范围投资、融资及建设的全流程，也揪紧着这些部门在开展自身经济活动中的命脉环节（如发展资源和动力），其可操作性和引致的经济效应空间可大限度提升区域和实质产业的竞争力。因此，与以往城市经济发展"就产业谈产业"的经济增长模式完全不同，创新链与产业链深度融合，绝不是创新与产业的表面相加，其间的融合环节牵涉到体系化的经验规律、模式逻辑以及机制内容。

光有单打独斗的产业，如不能形成产业链，则这个单打独斗的产业做不大。扬州的很多产业都是一开始某一个单打产品，但在发展过程中不断开发出上下游产品集群形成产品系列,最终打造成一个包括产品系列、产品的原辅料供应、产品设计研发、产品包装设计、产品销售网络等的庞大产业链。一花独放不是春,万紫千红春满园。

产业链要形成,离不开创新链的支持。创新链的支持力度有多强,产业链的发展就会有多宽。即便是某一个玩具产品,一旦注入了具有强创新的外观理念或者文化理念,立马就能让这个产品获得世界级的生机。去年年末,"鼠年有米"玉器小挂件在网上就很热销,但不是扬州玉器厂的创新理念。扬州还有很多传统产品以及工艺世界出名,如玉雕、木雕、剪纸、书画等,可惜没有能激发出产业从业人员的创新激情,产业优势就得不到生产力释放,转变不成生产力。这很可惜,也从另一方面说明了产业链和创新链结合的必要性。只有立足现有的产业基础、生产现状,借助创新平台,融入创新成果,走技术创新、观念创新、产品创新、服务创新之路,才能实现扬州产业经济的进一步腾飞。

3.2 双链融合的逻辑与模式

从创新链与产业链融合的丰富内涵出发,可以看出它是相对于现在已有不同产业的企业和创新主体之间的关联,以及对知识性资源在产业和机构主体间形成上中下游协作配套,突破传统企业边界,完成商品化转变的一种社会经济组织形态。创新链与产业链融合的发展方式具有如下逻辑和模式:

3.2.1 双链融合的主要逻辑

1. 组成要素。宏观上来说，探索双链深度融合发展会涉及多种构成要素，包括产业运营和创新活动的实施主体、实施的基本条件（也就是资源禀赋）以及双链融合的协作活动过程。一是实施主体。即在特定区域或者行业内推动产业增值、技术和知识创新等业态同步进行融合，实现产业内既有技术性资源加持、亦有技术性资源以某种方式产业化的良好局面的活动主体。主要包括政、企、学、研等多方联合协作主体。二是实施条件。寻求基本禀赋条件下资源合理配置是双链融合的重要环节。在融合过程中，双链涉及的资源类别一般包括如下内容：资金资源、信息资源、技术资源、人力资源和政策资源等。这些资源在融合过程的细枝末节中有机联动、良好互动，使得双链融合内部能够形成具有明显特色、功能又具备完善、资源要素配套的混合组团模式。三是协作活动。在双链融合的发展过程中，整个融合均是围绕知识和技术性资源等无形资产要素的转化进行，侧重于提升产业中企业的竞争力和创新中机构的利益均衡性。主要是指能够支撑实施主体在链条每一个环节寻求合理配置资源后衍生出要素转化的契机，更重要的是在通过引发协作活动或者搭建转化舞台对标产品"回炉"、升级"重铸"以及技术性资源的吸收和转化，为整个链条融合的高质量发展注入新活力。

2. 机理内容。从双链融合的过程和主体间协作关系的角度来看，推进双链融合，一般由如下机理具体辅助运作：一是动力机制。市场的供给和需求关系是融合参与主体的最主要衡量动机，也即企业对于阶段创新和技术提升的认识，以及内部科技资源能够支撑起合作创新的水平高低，从而做出利己的决策——独立进行产业中产品的技术创新开发，或与创新中一线机构合作内部化资源、风险共担、利益共享。企业的这一自主创新意识，可认为是企业寻求创新主动性的来源。在链条融合发展上中下游也离不开外部环境的幕后推动者——政府的宏观引导，可由财政、政策、平台及制度建设等方面来促进产业和创新的发展壮大。二是合作机制。合作也即信任，强调的是融合参与主体关系的良好运转保障，需要自觉并高效地促进合作活动。以产学研合作为例，产学、产研和学研等多方面合作，可在各自产业和技术基础突破传统企业边界，达成至少是在意向协议上的积极沟通、资源共享和规模经济。三是利益分配机制。平衡产业和创新项目的收益和风险，在前述机制顺利进行后是势在必行的。融合发展的形式从广义上说是建立协同、共赢的共同体，而合理的利益分配是这个共同体运营稳定和可持续的关键，对于具体产业和创新活动的投入和风险成本等一些因素直接起到强基固本、稳中求进的效果。

3.2.2 双链融合的基本模式

融合，可以理解为实现互补、互促。创新链和产业链融合发展，不仅各自存在"怎样整合互补"的机理问题，而且两者之间也存在"如何互促融合"的模式问题。一般来说，不同特定的地域空间范围已形成或按规划将要形成的主导产业和创新资源意欲融合再发展，须参照自身的基础发展优势、是否具备着较强的市场竞争力和产业可持续发展等特征，所以考虑以谁为发力点主导协同融合会出现本质上的差异。因此，主客体间谁作为发力点对创新链与产业链融合的不同模式或层次有着较为明显的影响力。为简单起见，主要区分为如下两种：

一是以产业链为发力点，具体可指已成规模的产业链，在自身企业内部拉动与主营产业业务相近的科研创新，形成基于产业链内的创新链，两者融合反哺产业链的发展；也可指主动与社会中的高校和科研机构业已成熟的创新资源洽谈融合，后壮大自身，实现创新链与产业链深度融合。前者比较有代表性的是年均投入巨额科研经费的互联网行业和家电行业，后者的典型案例是大疆无人机融入 5G 技术。

二是创新链为发力点，与产业链为发力点类似，也可分为自身链条资源的内部整合产业化和外部合作产业化，但一般是指寻求与外界已成熟产业链的协作融合。在其核心中，科技成果的转移、转化是打通创新链资源是否能够顺利产业化的过程，也就是由技术推动和市场拉动，狭义上创新链如何与产业链建立起桥接，关键环节在于科技成果这一创新链资源能不能经由商品化和社会化，实现资源合理配置后的商业价值。

这两种不同发力点延伸得出的双链融合模式在严格意义上是不存在较深层次性质上的区别，仅在于各自链条背后的发展基础不同，以及部分融合特征有所差异。这两种不同发力点的双链融合模式，与其他产业和创新互动关系（比如，创新型产业集群、产城融合等）类似的概念和特征相比，呈现出其基于链条融合互动关系的个性化特征。

3. 双链融合——大城市经济发展弯道超车

表 3-1 产业和创新互动关系的实践表现

类型	典型代表	协同特征
创新型产业集群	美国硅谷 北京中关村	拥有大批创新型人才、组织网络体系和商业模式，在有利于创新的制度、文化环境内主要面向技术含量较高的产业
产城融合	德国路德维希港市 新加坡裕廊镇 苏州工业园	在特定区域内实现产业、居住、商业、娱乐等功能融合，空间上有机联动，产业发展、城市功能、生态环境等多元素协调发展，整体园区朝着现代化综合城市功能区发展，打造成为城市发展高标准引擎
产业生态圈	成都市产业生态圈 江苏省甪直特色小镇	上下游环节和传统企业边界之间的界限日益模糊，演变成广、深、密三维非线性立体关系，且包括创新链和产业链在内的各种链条、要素集合交叉，形成复杂的生态体系
以产业链为发力点的双链融合	互联网和家电行业 无人机	已有产业发展基础，通过企业自主研发创新或与外部战略技术联盟洽谈合作，辅以特色创新平台，搭建起高端产业发展载体，率先转型，领跑全局
以创新链为发力点的双链融合	3D 打印技术 高校教学平台新模式	改变原有行业产业链整体经济价值低下、科技成果转化不畅的状态，通过科研院所转制或由政府引导联立企业和服务机构，相互契合以消除双链间信息不对称的问题，打通创新链到产业链的"最后一千米"

3.3 双链融合发展的动向和趋势

创新链和产业链深度融合发展理念构想的提出，源自对以往单个产业链或创新链发展各自为战、彼此得不到有效增值的反思，是要从根本上探索出一种新的产业发展、创新发展之间关于结构布局的发展模式——两者双向互动、无缝对接，也是一种崭新的、系统和均衡的地区经济发展思维和战略方向。分析双链融合发展的动向和趋势，把握双链融合发展的脉络和战略，须以国内、外相关政、商、学界等方面的价值信息为参详，在宏观上明确创新链和产业链发展建设的指导性意见。

表 3-2 国外关于创新链和产业链互动关系的部分实践动向

时间/类型	内容	来源/特征
英国：罗尔斯-罗伊斯公司	面向特色产业的开放创新的国际化研发模式：根据美国NASA和国防部分别提出的技术成熟度TRL、制造成熟度MRL，公司明确划分研究与开发、研究与技术的等级，再分头展开与大学和院所的合作，建立大学技术中心（UTC）和先进制造研究中心（AxRC）等产学研合作的网络体系，形成完整覆盖基础研究、共性技术和商业化应用的全周期研发技术链	一是基于公司业务和产业链需求，建立技术和创新中心，依托实力较强的机构协调发展创新链，通过产学研高效合作补齐基础理论研究；二是留心保持与企业和产业的密切联系，以类似于公私合营的模式稳固技术服务创新链，促进成果转化

续表

时间/类型	内容	来源/特征
美国	围绕特定的先进制造技术整合创新资源、打通创新链、商业化运作、技术创新与人才培养并重	2012年，美国政府《确保美国在先进制造业的领导地位》、国家制造业创新网络的建设
美国	通过一系列公私伙伴关系以及其他联邦政府的行动计划帮助中小型制造商获得创新及提升生产力所需的技术和资源	2015年3月18日，美国政府提出白宫供应链创新计划及相关部门的联邦行动计划
德国：西门子公司、莱茵集团	面向互联网的企业创新发展模式：借德国政府多部门联合实施"创新力网络"规划：以研发项目为导向，以支持技术合作为主，互联网这一创新研发网络遍布德国各层面和领域，西门子（产业链上游）和莱茵集团（产业链中下游）等为主的产品提供商在技术研发、产品生产和商业营销环节布局互联网创新，实施产品+服务发展模式，通过各自智能创新平台对业务和客户数据等信息的有效集成，优化自身产业链关系和效率	一是政府高度重视、系统推动国家创新体系发展和建设，包括"德国创新力网络倡议行动""德国网络管理资助计划"等多个行动计划在联邦和州层面高效运作；二是在传统产业链上注重发挥社会资源的力量作用，通过创新网络和互联网等全球资源和信息共享加速创新知识、产品价值的转化
欧洲创新与技术研究院	作为独立具备较高研发水平和优势的机构，整合欧盟各国高等教育机构、企业以及研究机构的研发创新资源，构建知识创新利益共同体（KIC），在促进欧盟产学研一体化、培育科技创业领军人才、成果商业转化和增强企业、产业链竞争力方面贡献才智	一是聚焦纵向产业链，围绕有限目标，形成技术创新研发优势，重点选取了气候变化、信息通信、新能源等3个领域；二是在合作机制和组织管理上，KIC以独立法人的形式集教育、科研、生产、服务于一体

表 3-3 国内关于创新链和产业链融合发展的部分论述

时间	内容	来源
2014.12.13	围绕产业链部署创新链，围绕创新链完善资金链，强化科技同经济对接、创新成果同产业对接、创新项目同现实生产力对接	习近平总书记在江苏省考察时提出的要求
2019.5.28	促进创新链和产业链精准对接，加快科研成果从样品到产品再到商品的转化，把科技成果充分应用到现代化事业中去	习近平总书记在中国科学院第十九次院士大会、中国工程院第十四次院士大会上的讲话
2014.7.27	要依托"互联网+"平台，集众智搞创新，厚植科技进步的社会土壤，打通科技成果转化通道，实现创新链与产业链有效对接，塑造我国发展的竞争新优势	李克强总理在国家科技战略座谈会上的讲话
2017.11.12	加强产学研合作是打通创新链条、促进创新发展的重要支撑	李克强总理在第十一届中国产学研合作创新大会上做出的重要批示
2018.8.1	四川将围绕产业链部署创新链，瞄准"5+1"产业体系来部署一批产业发展过程中的关键技术攻关，尤其重视那些"卡脖子"的产业关键技术的突破	四川省科技厅副厅长陈学华解读中共四川省委十一届三次全会精神（第七场）——构建具有四川特色优势的现代产业体系新闻发布会
2018.8.28	在优势产业领域围绕产业链加快部署创新链，在优势技术领域围绕创新链加快培育产业链，在可能有良好前景的领域进行前瞻布局	江苏省委书记娄勤俭在全省科学技术奖励大会暨科技创新工作会议上的讲话

3. 双链融合——大城市经济发展弯道超车

续表

时间	内容	来源
2019.1.15	在发展三区经济上，加快经济结构优化升级，推动创新链与产业链耦合，推进园区经济、城区经济、景区经济协同发展	谢正义书记就推动高质量发展走在前列，建设"强富美高"新江苏阐述新一年工作思路时指出
2019.1.16	为持续壮大先进制造业，扬州将紧扣创新型、全产业链、可持续发展方向，打造一批"拆不散、搬不走、压不垮"的产业集群	夏心旻市长以"六个能"妙谈扬州的城市定位与发展
2019.1.12	以深圳为龙头，加上香港的研发能力，再加上广东佛山本身作为制造业腹地的优势，创新链、产业链到价值链这三者如果能很好地协同，最后能形成当地整个制造业的优势	中国社会科学院工业经济研究所所长黄群慧，"2019中国制造论坛：全球产业链重构下的制造业挑战"
2019.3.31	抓实创新联盟，围绕上海、南京等长三角高校的研究优势、航空企业的全产业链优势和创新型企业的转化优势整合资源，为创新联盟协作当好联络官	中航工业集团董事长谭瑞松，沈阳飞机设计研究所扬州协同创新研究院揭牌签约仪式

需要说明的是，国外政商学界未有非常明确的关于创新链与产业链融合的理念分析，更多的是基于微笑曲线理论基础上的供应链、价值链及产业集群等内容分析。延续着产业集群和创新理论，国外在探索创新资源反哺传统产业链发展上，呈现出如下趋势：一是通过对自身产业链内部研发体系的深刻理解，多为关注开展外部的产学研合作，以全球化分工的视角更新基础技术研究和高附加值应用等方面的产学研合作，支持促进产业集群体系快速发展的机构规范建设，以

此作为其推动创新链与产业链发展的基础条件。这也是世界各地迅速开展该类型合作的其中一个原因；二是重视企业内产业链的实际生产需求与高水平创新资源形成的研发成果结合的中间过程，进而有效解决研发和产业化信息不对称的问题；三是加强产业链上中下游企业同科研机构间伙伴关系的建设，使其紧密结合以应对外部的市场竞争，成为维系产业体系和创新资源的重要纽带。

国内对创新链和产业链的发展趋势的分析，在历经改革开放、2001年入世、世界制造工厂时期的前行摸索后呈现出精、细的特点：一是精。沿袭国外较为先进的产业集群等理论，结合社会主义市场经济体制的优势，国内在创新链和产业链的建设方面加强了对政、产、学、研、金、服、用合作共同体的探索，围绕着优势产业领域更多着眼于对未来地区经济的产业规划，顶层设计为方向、创新链与产业链融合发展为指引，对比较优势、后发优势及竞争优势在具体地区资源禀赋和工业化道路上的发挥努力找准自身站位。二是细。围绕国内多行业、全生态的创新发展建设，国内的建设非常重视在人才链、资金链、服务链及价值链条件下知识、技术等创新性资源的成果转化问题，这也是国内创新性资源在对接产业链、转化商业价值、扩大应用领域等方面面临着的一大难点。具体也包括有引导市场和纠正失灵的政府统筹机制研究、参与全球化竞争发展的产业联盟等组织形态的协作组建、资源保障等试点工作，也实践总结出很多有建设性的指导方法和实施意见，为后续创新链与产业链转化为现实生产力和区域经济发展优势提供才智和实践的引导。

4. 大城市双链融合经济的实践案例剖析

创新链与产业链融合发展的一个核心的问题就是如何精准地将二者对接,实现创新成果及时向产业化生产的无缝转化,产业化生产不断反馈绩效激发创新研究活力。但在实践中,因为受其他影响因素的支撑配套(如金融体系等),往往难以把创新链与产业链的建设剥离出来,单独完成。因此,出现了一些以二者融合为核心点的城市建设工作。

4.1 宏观案例

4.1.1 创新型产业集群:美国硅谷

1. 基本情况

硅谷,距旧金山市区 50 千米,位于其南端的狭长地带,核心地带南北长 48 千米,东南宽 16 千米,面积达 800 平方千米。硅谷的创立并非始于强大的政府号召,也没有"硅谷管委会"之类的官方管理机构,主要是由大学推动、以市场(包括社会组织)为基础,并由社会组织来协调其经济、社会、文化、环境等健康发展,已成为举世瞩目的世界信息技术和高新技术产业的中心,是美国经济增长最快、最富裕的地区。目前,"硅谷"拥有电子工业公司达 10000 家以上,是美国微电子业的摇篮和创新基地,所产半导体集成电路和电子计算机约占全美的 1/3 和 1/6。谷歌、Facebook、惠普、英特尔、苹果、思科、特斯拉、甲骨文等公司都落户于此。

2. 产业与创新发展

硅谷是典型的以科技创新为动力，以产业集聚为基础的高端先进制造业的集聚区。经过互联网与移动互联时代的进一步发展，硅谷在全球确定了其世界创新中心、全球高新技术产业高地的"霸主"地位。在具体历程上，硅谷经历了萌芽期、晶体管时期、集成电路时期、个人电脑时期及移动互联时期等五个时期，每个时期均走在时代前列。

1891—1938 年，萌芽时期：大学和初创型企业的集聚，形成了硅谷的萌芽发展基础：1891 年斯坦福大学成立；1909 年联邦电报公司成立；1933 年海军基地 NAS 建立，同时围绕 NAS 出现了一批技术服务型公司；1937 年瓦里安公司成立。

1939—1958 年，晶体管时期：这 20 年间，先后出现了惠普公司、斯坦福研究所、斯坦福工业园区、肖克利晶体管公司、仙童半导体公司。晶体管技术不断得到发展，为集成电路的出现打下良好基础。

1959—1970 年，集成电路时期：1959 年平面集成电路问世；1965 年摩尔定律提出；1968 和 1969 年，原肖克利晶体管公司、后创建的仙童半导体公司的几位工程师分别创立了英特尔公司和 AMD 公司；1970 年施乐谷研发中心成立。

1971—1990 年，个人电脑时期：1971 年英特尔推出了第一个商用微处理器；1976 年苹果电脑公司成立；1977 年甲骨文公司成立；1983 年第一台便携式电脑问世；1984 年思科公司成立。

1990年至今，互联网与移动互联时期：在近30年的时间里，从万维网应用、谷歌成立、Twitter及Facebook成立，到iPhone、iPad问世、智能手机在全球普及，互联网和移动互联时代正式来临并不断发挥着重大影响力。当下，最前沿的人工智能、机器学习、无人驾驶等更是在硅谷遍地开花，众多巨头企业都在为实现下一次的技术性重大突破不懈努力。

3. 成功因素

技术创新与产业发展无缝衔接：在硅谷的科技型巨头企业，无一不将技术研发作为自身发展的核心竞争力。它们的每一次研发，都以实际的社会发展需要为基础，力争创新成果可以100%转化为产业化成果，实现技术即产业。各企业在相互竞争的同时，也在硅谷形成了集聚效应，共享着规模经济带来的附加效益。而事实上，这些以IT为中心的企业也确实通过竞争合作、集聚共享等方式实现了技术创新与市场应用的完美贴合，做出了巨大的社会贡献。

品牌的集聚效应：依托并借助斯坦福大学等知名大学、科研机构的扩散效应，将新理论、新技术、技术人才、风险资本、商业模式导入产业领域。世界500强公司中有20家以上的公司总部设在硅谷，品牌效应也吸引着大量中小创业企业入驻。

市场化运作的金融支持：硅谷成功的重要原因在于其运作机制的完全市场化。投资机构根据经营业绩进行投融资，依据市场规划把技术专家和创业资本商联系起来，将最优资本和最新技术等资源按照市场规律进行优化配置，在投资技术、投资阶段、投资区域上全面运用组合投资方式实现投资风险的市场化规避，依靠创业板、产权交易市场和兼并收购的市场化运作实现资本的退出。

4.1.2 产城融合：苏州工业园区

1. 基本情况

苏州工业园区是中国和新加坡两国政府的重要合作项目，1994年2月经国务院批准设立，同年5月实施启动，苏州工业园区位于苏州古城东侧，辖娄葑、斜塘、唯亭、胜浦街道及湖西、湖东、东沙湖、月亮湾社工委。距离苏州平江古城约12千米，距上海市中心约85千米，行政区划面积278平方千米。2018年实现地区生产总值2570亿元，同比增长9.36%；R&D投入占GDP比重达3.48%；社会消费品零售总额455亿元，增长12%；城镇居民人均可支配收入7.1万元，增长7.57%。在全国经开区综合考评中连续三年（2016、2017及2018年）位居第一，在全国百强产业园区排名第三，在全国高新区排名上升到第五，跻身世界一流高科技园区行列，并入选江苏改革开放40周年先进集体。

2. 园区产业与创新发展

在20世纪末期完成园区内的基础设施建设后，苏州工业园区即开始了产业发展的全盘布局，大致可以分为以下三个时间段：

2001—2005年，起步阶段：21世纪元年，顺应改革开放的大潮流，苏州工业园区开始了大动迁、大开发、大建设、大招商、大发展阶段，全面开展招商引资活动，引进大企业、高新技术。2003年实现再造一个新苏州——主要经济指标达到苏州市1993年的水平；2004年一个初具规模的国际化、现代化的工业园区形成。2005年，苏州工业园区开启了极具前瞻性的工作——启动制造业升级、服务业倍增和科技跨越计划，开始了面向高端产业发展的方向。

2006—2011年，转型升级阶段：首先，开展为推进自主创新和现代物流等生产性服务业发展的扩建工作，进一步扩大园区规模。其次，在上一阶段"三大计划"的基础之上又新增生态优化、金鸡湖双百人才、金融翻番、纳米产业双倍增、文化繁荣、幸福社区等六个计划，总共形成产业发展的"九大行动计划"，形成产业转型升级的完整体系，并逐步向体系化的产业生态圈建设过渡。

2012年至今，高质量发展阶段：2013年确立深化推进改革创新的新征程；2014年获国务院批复建立苏南国家自主创新示范区；2015年获国务院批复开展开放创新综合试验，探索建立开放型经济新体制、构建创新驱动发展新模式；2016年，顺应新一轮信息技术发展的浪潮，开启人工智能产业的战略性布局，未来将打造国内领先、国际知名的人工智能产业集聚中心，布局国家级人工智能创新中心，并建设产业公共服务平台。

经过多年的发展，苏州工业园区构建了具有特色优势的产业体系，其主导产业——电子信息制造业和机械制造业将积极向高端化、规模化发展。现代服务业，以金融产业为突破口，发挥服务贸易创新示范基地优势，重点培育金融、总部、外包、文创、商贸物流、旅游会展等产业；新兴产业领域，以信息技术、纳米技术为引领，重点发展光电新能源、生物医药、融合通信、软件动漫游戏、生态环保等新兴产业。

3. 成功因素

产业发展高端化：无论是世纪初的技术引进、产业基础搭建，还是转型升级阶段打造高端纳米技术等先进产业，抑或当下布局面向未来的战略性产业，苏州工业园区的产业发展均是以时代前沿产业为基础，始终把先进性和高端化作为建设的重中之重。当前，围绕高新技术开展的产业转型和升级发展，苏州工业园区形成了由高端产业引领且配套完全的产业集群。这无疑会加强本区域产业间的前后向关联，进一步形成完善的产业链条，给区域经济发展注入强劲动力。

创新驱动固根基：园区建设初期并不具备匹配的研发创新实力，通过采取中新合资扩大开放力度，引入实力企业，为本土企业带来示范效应。在积累沉淀后，及时确定强化自主创新能力的基调，逐步过渡到以自主创新为驱动的发展模式。通过科研成果的持续转化，开拓新的市场需求，提升已有产业的技术水平，并扩展至产业链终端市场。

聚焦园区功能配套：严格控制工业用地规模，工业用地、居住用地、配套服务用地采用1:1:1配比，并在居住区内引入合理的商业和生活配套，打造出集商业、文化、体育、教育、卫生为一体的邻里中心，以人为本的弹性交通系统增强了各功能板块间的联系，实现职住平衡。针对园区创新源不足的短板，围绕产业链部署优化产业创新创业载体，规划打造独墅湖科教创新区，已初步建成集教育、科研、新兴产业为一体的现代化新城区。累计建成研发机构和平台近150个（其中省部级28个），国家级孵化器4个、省级孵化器4个，为生物医药等产业链的创新发展提供有力基础。

精准招商促企业聚集：园区创新产业招商模式，开创性实施小分队、多批次"敲门招商"，注重运用以商引商、中介代理招商、行业主题招商、投资代建招商、产业链招商以及创投参与、债券发行、上市并购等多种手段，形成严密高效的招商网络资源。全面推行以负面清单为代表的高标准投资规划，建立"准入前国民待遇+负面清单"管理模式，所有重大项目全部进行环境影响评估，所有建设项目全部实行一站式审批，对不符合规划要求的项目，坚决实行"一票否决制"。

4.1.3 产业生态圈：天府成都

1. 基本情况

2017年，成都市委书记范锐平将生态圈理念引入成都城市发展建设中，明确提出成都市要打造并加快推进产业生态圈建设。

从目前成都开展的工作来看，打造产业生态圈必定会包含两大任务，即原有产业的"更新换代"和产业配套体系的健全完善。围绕这两大任务，成都市又重点关注了以下维度的工作：一是生产维度，围绕核心产业或关键产业的众多相互依存、相互协作的企业集聚；二是科技维度，紧密联系与生产相关的科学研究、研发设计、实验体系；三是劳动力维度，包括熟练劳动大军、专业技术队伍、精通运营策划的管理群体；四是硬环境维度，包括现代交通、通信设施等各类基础设施；五是公共维度，由提供金融信贷、法律法规、市场、信息、物流、咨询决策等服务和相关政策支持；六是城市生活维度，具体指功能完备、环境优美、出行便捷、富有人文精神等内涵。

2. 建设进展

（1）开展顶层设计

2017年7月，顺应工业经济发展理念的转变，由市委市政府牵头，成都市开展产业生态圈建设的顶层设计，出台了《成都市制造牵引产业生态圈建设五年行动计划》《成都市产业生态圈建设工作方案（2017年）》，以确保产业生态圈建设的稳步推进。

（2）完善工业空间布局

以建设城市与产业时序同步演进、空间上分区布局、功能上产城一体为目标，强化标准厂房、人才公寓等生产生活配套和商务办公、展览交流、技术培训等公共服务设施建设，优化全市"20+10"产业园区的主导产业和空间规模。2018年，进一步落实成都市"一心两翼三轴多中心"的城市格局，贯彻"东进、南拓、西控、北改、中优"的五大主体功能区发展理念，由点到面、由内及外构建成都市全方位的产业链体系，整合创新资源，培育创新企业。

（3）打造现代产业体系，推进重大项目建设

在推进"中国制造2025"试点示范城市建设的基础上，成都市大力发展先进制造业，打造出一批集电子信息、汽车制造、航空航天、轨道交通、新材料、新能源、人工智能等在内的具有辐射力、带动性的产业集群，充分发挥出前沿产业的引领作用。确定发展主导产业和支柱产业的同时，进一步落实供给侧结构性改革，推动传统产业绿色改造升级。现

已全面淘汰小水泥、小火电、小石灰窑等行业，并整体退出了煤炭生产、烟花爆竹和钢铁长流程冶炼，实现本市的产业结构优化调整。

（4）提升产业创新能力，推动科技成果转化

加强企业创新载体建设，组织申报国家企业技术中心8户、国家技术创新示范企业6户。全市市级以上的企业技术中心已达834户，其中，国家级31户、省级400户，市级403户。围绕关键技术和产品，组织实施383个重点技术创新项目，发布新材料、新能源、节能环保、生物医药、石化、新产品及仪器类等技术成果转化项目82个，加速创新成果产业化。强化质量标准建设，组织开展国际、国家、行业和地方标准的制（修）订，促进"技术标准化、产品品牌化、服务定制化、质量精品化"[1]。

（5）大力培育中小企业

通过深入实施中小企业成长工程，扶持壮大一批"上规、成长型、小巨人"企业，2017年培育中小企业1595户，其中拟上规464户、成长型709户、小巨人422户，充分利用"长尾"效应。出台"产业新政50条"，完善在土地要素、能源要素、资金要素等方面的政策措施，确保为中小企业的发展营造良好的创新环境。

---

[1] 数据来源：成都市经济信息化局。

3. 未来发展

在方向上,坚持"创新驱动、标准引领、品牌发展、质量为先"的发展理念。在产业与创新布局上,全力推动产业向中高端迈进,重点支持电子信息、汽车制造、食品饮料等五大支柱产业提升能级;大力支持航空航天、轨道交通、节能环保等五大优势产业领先发展;超前布局以人工智能、精准医疗、虚拟现实等前沿技术为引领的未来产业,力争围绕电子信息技术的产业集群在规模上突破万亿,围绕汽车制造、生物医药、轨道交通、航空航天等产业的集群规模突破千亿,着力培育以技术密集型和知识密集型为核心的高端高质高新现代产业体系。建设成效上,2020年力争实现制造业规模突破20000亿元,先进制造业占工业比重达50%以上,建成全国重要的先进制造业城市。

4.1.4 科创名城:扬州

2018年8月,扬州市委市政府提出了推进新兴科创名城建设的战略决策。抢抓新一轮科技革命和产业变革机遇,以创新发展引领高质量发展,努力"把人们心目中的扬州建设好,满足世界人民对扬州的向往,争创扬州发展第四次辉煌"。扬州提出建设科创名城,其意义主要在于抢抓当前国内创新发展机遇、以"新产业、新人才、新城市"互动并进引领实现扬州的高质量发展。

扬州作为三线城市,是最适合建设科创名城的。因为绝大多数世界500强的总部和研发中心都在巴塞尔、伯尔尼等这些风景优美的三四五线中小城市。

1. 发展目标

总体目标:

到 2020 年,扬州新兴科创名城的总体框架和发展路径基本成型,以企业为主体的产学研相结合的技术创新体系基本形成。在产业创新、研发投入、创新能力等方面取得明显进步,高新技术企业、研发机构平台、顶尖人才数量位居全省前列,形成一批在全省乃至全国具有重要影响力的科创产业集群,基本建成区域产业科技创新中心。

具体目标:

—— 城市整体创新效能显著提升。全社会研发投入占地区生产总值的比重达 2.6%,大中型工业企业研发投入占主营业务收入的比重达 2.3%,高新技术产业和战略性新兴产业产值占规模以上工业产值比重分别达 48% 和 43%,对经济增长的贡献率超过 60%,万人发明专利拥有量达 15 件以上,科技进步贡献率达 65%。

—— 科技基础设施和公共服务平台构架基本建成。规划建设科技产业综合体和众创空间 1000 万平方米,建成孵化器、众创空间 100 家。建设两个达到国家级标准的重点实验室,10 个达到省部级标准的重点实验室。

—— 科创人才资源加速集聚。每万名劳动力中研发人员达 100 人,全市人力资本总投入占 GDP 的比重达 17%,人才总量达 100 万人。高层次人才占人才资源总量的比例达 10%,主要劳动年龄人口受高等教育的比例达 25%,在校大学生规模达到 10 万人,全市具备基本科学素质的人口比例达到 14%。

——科技创新生态系统基本建成。全社会形成鼓励创新、宽容失败的文化、法治、金融和市场环境。建成覆盖创新全链条、全过程的科技政策和服务体系，技术合同交易额突破30亿元，科技服务业规模达150亿元，在扬州注册的各类创投基金管理规模达600亿元以上。

远期目标：

到2035年，扬州市创新型经济主导地位进一步巩固提升，产业核心竞争力全面转向以科技创新为主，经济发展动能得到根本转变。扬州要形成一流的高科技企业和创新型产业集群，建成一流的科技产业综合体等创新创业载体平台，拥有一流的人才团队，构建一流的创新创业生态。扬州的科创名城建设水平跻身全国第一方阵。

2. 相对优势

扬州推进新兴科创名城建设，既有现实基础，也有比较优势；既有宏观机遇，也有内在动力。

所谓有基础，是指有扎实的产业基础、良好的创新环境和配套的载体平台。这几年，扬州持续深耕六大基本产业，大力推进战略性新兴产业发展，逐步构建起具有扬州特色的现代产业体系；坚持"新产业、新人才、新城市"互动并进，在高层次人才引进、新兴产业培育和创新创业氛围营造等方面都取得了明显成效；大力引进科研院所、重点实验室、知名高校来扬设立分支机构，大力推进科技产业综合体建设，初步构建起从原创到开发到产业化的创新体系，为打造新兴科创名城奠定了坚实基础。

4. 大城市双链融合经济的实践案例剖析

所谓有机遇,是指长三角一体化上升为国家战略,南京都市圈一体化发展从"路线图"变成了"任务书",为扬州创新驱动发展带来了更为广阔的发展空间。淮扬镇高铁即将开通,北沿江高铁即将启动,宁扬城际开工建设,扬州已全面进入高铁时代,将带来更加畅通的人流、物流、信息流和技术流。这将重塑扬州的经济地理,对扬州的发展具有划时代的意义。5G时代的来临,意味着获得科技创新资源要素的方式方法将会发生根本改变,高层次人才通过互联网,在扬州也能够快速分享大城市的创新要素和资源,从而大幅提高创新创业的成功率。

所谓有城市品质优势,是指扬州具有"高性价比"的城市品质优势。与上海南京苏州等大城市相比,扬州的生活成本等目前还具有明显的比较优势,加上不断改善的人文、生态、宜居条件和教育、医疗等社会服务,扬州将成为优秀年轻人才生活就业和创新创业的理想之地。

此外,扬州科创名城建设还具有载体优势。扬州除了工业用地储备充足外,还有着大量的创业创新的载体。主要有众多的创客空间、众多的科创园、众多的产业园等。

载体一,众创空间

省科技厅公示了2018年拟备案省级众创空间名单,扬州市万方科创众创空间、软通众创空间、爬山虎众创空间、地理信息专业化众创空间、星客梦工厂等14个众创空间位列其中,位列全省第三,我市省级备案的众创空间总数将达36家,如图4-1所示。

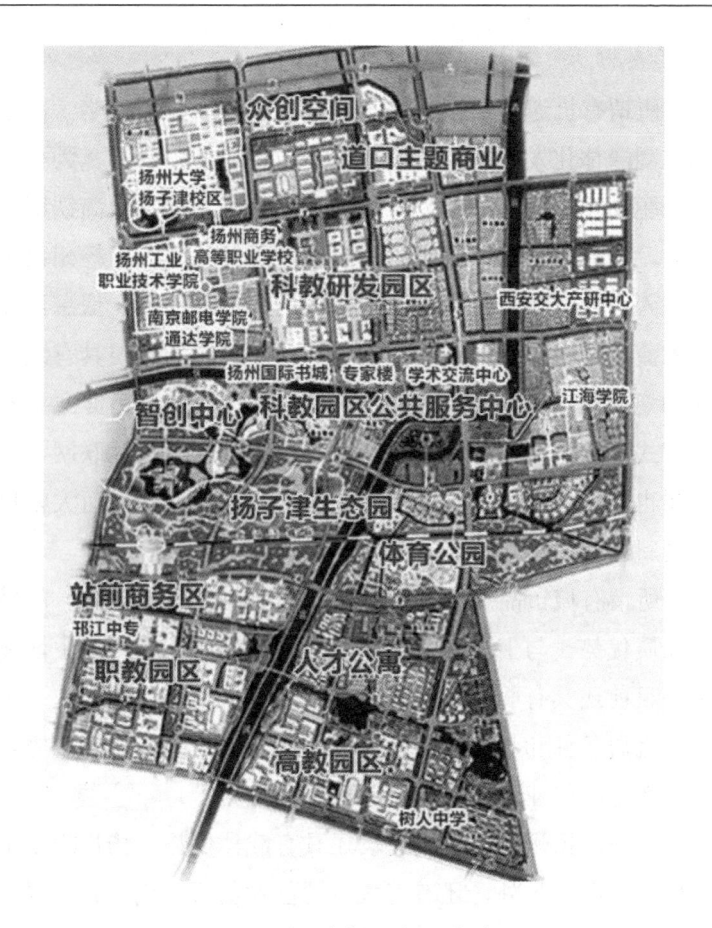

图 4-1 扬州众创空间分布

载体二，科创园区

截至 2018 年底，全市累计开设 34 个科创园，累计开工建设 640.98 平方米，累计建成 474.02 平方米；累计入驻企业 3109 家，培育高新技术企业 95 家，累计入驻各类人才 4.5 万人，本科以上人才 2.8 万人，累计引进博士人才 361 人。

4. 大城市双链融合经济的实践案例剖析

图 4-2 扬州主要产业／科创园分布

载体三：各种产业园

扬州包含下面县市区乡镇等，截至 2018 年底有各种工业园区 407 个。目前园区规划利用率整体还不够高，还可以承载扬州的大量一二三产业的创业创新需求。园区将致力于吸引国内国际上具有发展潜力的初创企业在扬州投资发展，实现跨界、跨领域的融合发展，为人才引进、企业引进、高新技术引进提供更多的机遇。

下一阶段主要通过三大板块，发力科创名城建设。第一板块是江广融合板块。该板块重点聚焦软件和互联网产业，加快推进江苏信息服务产业基地、扬州软件园、青谷里创客街区等载体建设，致力打造成"新产业、新人才、新城市"互动并进的样板区。第二板块是扬子津科教园区板块。该板块重点聚焦高端装备制造业，整合国家级开发区、高新区资源，致力打造成"扬州智造"的示范区。第三板块是国家农业科技园区板块。该板块重点聚焦现代农业和食品加工业，重点推进扬大科教示范园、中法共建种猪示范基地建设，致力打造国内领先、国际一流的现代农业科技园区。

4.2 微观案例

4.2.1 产业链为发力点：无人机

通过对已有产业的产业链建设，不仅能够完善本地区的产业发展结构，还能激发技术创新，推动技术成果转化与实践应用，完善创新链。

作为典型的新兴高科技产业，无人机集软硬件研发、制造、使用、管理及服务等多个领域于一体，如上游的新材料、电子云器件、机械制造、软件设计，下游的军用设备、气象研究、科学试验、农业生产、电力等诸多行业。由于其行业特性，上游技术研究方兴未艾，不断取得突破；下游集中于军用、科研和政府部门的相关应用，民用领域规模仍有很大的市场需求，有待进一步的市场扩张。

1. 蜂窝通信基站技术应用

无人机想要推广到下游农业、气象研究等领域，首先要解决的就是远距离通讯控制以及图像传输技术方面的问题。

采用早期的蓝牙或者Wifi技术控制，传输距离极大程度上受到限制，而随着4G LTE技术的普及，基于大量蜂窝通信基站的信号范围覆盖，理论上可实现无距离限制、空域定位精度约几十米（使用GPS定位可进一步提升至米级别）、空域覆盖不超过120米且可传输720p的图片。虽然4G技术相对比传统的蓝牙、Wifi操作有了进一步的提升，但仍在精度、高度等方面有着较大的限制，进而制约市场应用推广。伴随着华为等技术研发企业的技术突破，5G技术开始逐步向市场推广，无人机的下游应用可以得到进一步的推广。5G理论带宽可以达到20Gbps，实验网络中速度已经达到4G的10倍以上，可实现1080p级别的视频传输、动态、高纬度超高清广角俯视效果，为气象研究、农业灾害检测等领域带来更精准的图片、更高效的数据传输，极大地提升研究成效与实践效用。

2. 计算机视觉技术应用

要进一步推广无人机在电网巡检、基站巡检、输油管道巡检、农业生产维护等方面的市场应用，不仅需要高速的网络传输基础，还需要深度结合基于深度学习的计算机视觉技术以及高清变焦相机、红外相机、夜视相机、激光雷达等硬件设备。以农业生产维护为例，无人机可通过搭载计算机视觉技术，在巡视时识别害虫和农作物，然后进行农药喷洒除虫工作。而在一些电网巡检等安全检查工作中，可以通过机器自动识别开启警报通知，而无须等待人工对传回来的图片进行逐一分析。

3. 前沿复合材料等技术应用

以碳纤维材料为主的高性能纤维及其复合材料在轨道交

通等领域已经实现了轻量化的改造应用，无人机同样可以衔接上游高性能纤维复合材料的应用领域，延伸产业链条。目前，市场上有融合碳纤维的高性能优势、玻纤维的低成本优势的碳／玻混编复合材料，通过对接无人机相关零部件的设计需求可以提升复合材料成型技术，也能进一步打开无人机的应用市场。

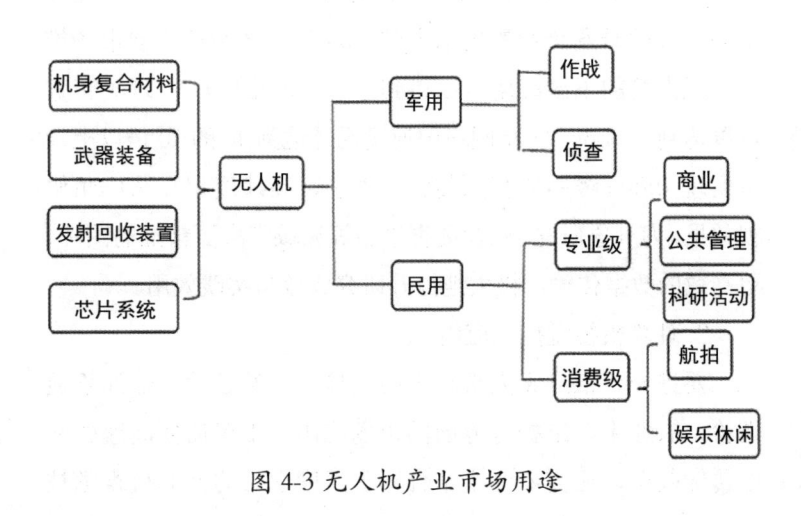

图 4-3 无人机产业市场用途

除此之外，无人机还能够带动电池、配件、芯片系统集成及飞行控制系统等方面的技术成果转化与应用以及研发创新。综合看来，完全可以实现在已有产业的基础上，通过在不同环节融入创新技术，衔接创新链，将产业做大做优做强，发挥出极佳的双链融合经济效益。

4.2.2 创新链为发力点：3D 打印

3D 打印技术是一种快速成型技术，它以数字模型文件为基础，运用粉末状金属等可黏合材料通过逐层打印的方式来构造物体。作为一种纯粹的技术研究，3D 打印技术在 20 世纪 90 年代中期已经出现，而在 21 世纪初始 10 年内开始了有各种领域的尝试性应用。目前，该项技术已经发展到了可以打印动物的脊髓支架、人类的器官等的程度。3D 打印技术在产业化应用上的领域有如下几个：

1. 3D 打印与建筑行业

3D 打印技术目前已经在房屋建筑行业逐步发挥作用，推动了建筑业的技术变革。

2014 年 1 月和 8 月，苏州工业园区和上海张江高新青浦园区分别出现了由建筑垃圾制作而成的"油墨"做原料，使用 3D 打印技术完成墙体部分的建筑楼层，整个过程耗时短、效率高。2014 年 9 月，荷兰阿姆斯特丹的建筑团队开始将生物基材料作为建筑材料，打印全套房屋。2015 年 7 月，西安在三小时内 3D 打印完成了模块新材料别墅，置入家具即可实现拎包入住。

3D 打印技术的应用与推广，将促成房屋的快速高效建筑，带动建材行业、地产行业的结构转型与完善，重组产业链条。

2. 3D 打印与交通行业

2014 年 9 月 15 日，美国 Local Motors 公司使用 3D 打印技术，花费 44 个小时，完成了一辆仅有 40 个零部件（传统汽车的零部件超过 2 万个）的 3D 打印汽车（轮胎、座椅、方向盘、悬架、电动马达等由常规方式制造)。该汽车的原材料主要为碳纤维增强型热塑性塑料,最高时速可达到56千米,电池可支持里程193—243千米。2015年7月,美国DM公司推出了世界上首款3D打印超级跑车"刀锋(Blade)"。

3. 3D打印与医药行业

3D打印技术在医药行业的运用非常广泛,目前已经完成了3D打印肝脏模型、头盖骨、脊椎、手掌(治疗残疾)、胸腔、血管以及制药等方面的技术突破,为医药生产、手术以及医学研究带来了极大便利。

4. 3D打印与航空行业

美国已经完成了太空望远镜的零件设备3D打印制造,也开启了3D打印火箭喷射器的测试,并利用增材制造技术制造了首个全尺寸铜合金火箭发动机零件以节约成本,这也会是3D打印技术在航空航天领域里程碑式的应用。

从整个社会应用的领域来看,3D打印技术正在不断渗透进各行各业,逐步彰显出其新科技的前景。我国陕西省渭南市也正在大力培育3D打印产业基地,努力实现技术优势与产业优势之间的转化,带动传统产业链的转型升级。渭南市将全力以3D打印设备生产、3D打印金属材料研发及生产、3D打印应用型人才培养为抓手,主动将3D打印技术植根于当地主导产业,重点围绕实施3D打印产业化示范应用,加快3D打印与传统产业结合,实施3D打印+航空、汽车、医疗、文创、铸造、教育等一系列3D打印+产业模式,借助3D打印技术优势,解决传统产业技术难点、痛点,改造提升传统产业,引进孵化各种类型的中小科技企业。当然,也有业内人士指出，就目前国内 3D 打印产业而言，技术研发程度已经完全领先于产业应用，但由于各类标准、准入资格的不健全，存在无形的进入壁垒；科研机构、企业并不具有规模效应，处在单打独斗的状态中，在产业谈判中缺少话语权，处于劣势并且应用企业对新技术、新产业了解较少，存在着不解或是误解等诸多原因，很多技术成果只是停留在实验室阶段。可见，融合创新链中的技术成果到产业链的过程中，仍需要破除一些体制机制障碍方能够最大程度地发挥创新成果与产业发展的协同效应。

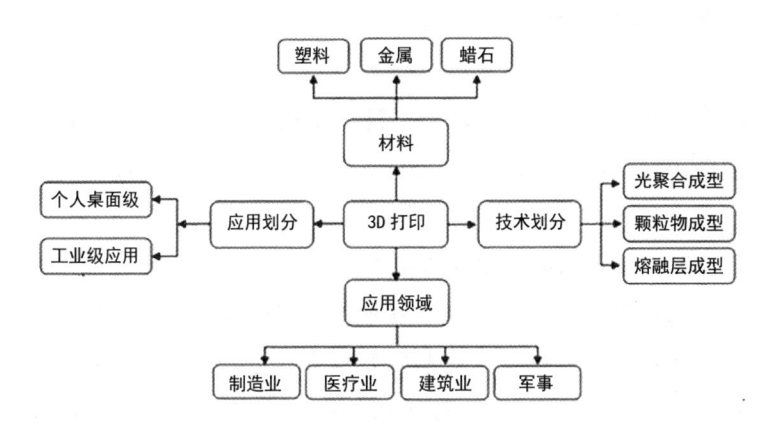

图 4-4 3D 打印相关产业布局

4.3 经验总结

1. 以城市整体建设布局双链融合。

无论是苏州市通过工业园区打造产城融合，还是成都市建设产业生态圈，其落脚点始终是坚持城市统筹布局的高规格、高定位、高标准，提高预期，凝聚共识，有力有序打造优势生态体系，以发展起来的突出产业和创新资源支撑城市远期、中期和近期规划建设，推动城市融合建设逐步由相加相融到向纵深发展。

2. 以强链补链打造融合基础。

借鉴无人机行业吸收计算机技术、5G 技术发展壮大，围绕传统基础产业和优势产业，以及时代已形成或将要萌发的创新性资源，创造性转化和创新性发展现有产业及配套链条，引导其与传统产业链多方位整合资源、多途径促进发展、多维度扩大应用，以"上凝，下延，左联，右破"的发展格局强链、延链以及补链，补足关键环节和缺失环节，着力做优产业生态，并逐步形成集群化态势和规模化效应。

3. 以创新引导产业链高端发展。

借鉴 3D 打印技术在诸多领域的前沿性应用，注重不断挖掘并满足产业链垂直模式上中下游环节的实际生产需求，布局与培育一批具有潜在应用价值的新兴技术，扶持相关具有潜力的优质企业开展基础理论研究和技术创新应用，完善技术创新体系的基础支撑平台，抢占战略性新兴产业发展的制高点，强化其区域内产业技术原始创新能力和持续创新能力，为产业升级和产业结构调整提供支持和引领，推动产业和价值链不断向高端攀升。

4. 以市场导向做优双链融合培育。

借鉴苏州工业园区、苏州高新园区、武进高新园区等的产业链条和环节的招商，集中精力抓好传统基础和优势的产业链、创新链下的关键运营项目，扎实运用大企业（机构）拉动大企业（机构）等优质手段——即"我"的平台为"我"带来企业、项目，"我"的企业、项目又为"我"带来新的企业、项目，形成自我良性循环的发展模式。通过引进一个项目，培育一个龙头，聚集多个项目，形成一条创新链或产业链，打造新的产业集群和优质创新性资源。对于急功近利的短期逐利资本，或是披着华丽外衣实则无果的企业和机构，坚决强制淘汰出市场，培育好创新链与产业链融合的果实。

5. 以要素供给配套双链融合保障。

借鉴美国硅谷，在强调政府引导市场、纠正市场失灵这一统筹作用的前提下，鼓励链条下产业和创新资源经由市场运作进行合理配置，提升市场规律在双链融合中的"行业洗牌"效率，切实均衡和高效地推动劳动力、土地、资本、创新等要素配套支持双链融合发展。

6. 狠抓双链融合的五个基础要素。

纵观国内外双链融合做得比较好的创新型城市，大致建立在五个要素基础之上。第一，拥有大量顶级创新人才；第二，拥有大量高端研发机构；第三，拥有一套高效的金融支撑机制（投入机制）；第四，拥有宽泛的产业载体；第五，拥有宽松的创新体制氛围。

5. 大城市（扬州）双链融合发展的现状、成效、问题与劣势

近年来，面对错综复杂的国内外环境和经济下行压力，中国经济步入了换挡减速、负重转型、深化改革的新常态，经济已由高速增长阶段转向高质量发展阶段。这一论断准确把握了经济发展的大逻辑，是各省市做好经济工作的规律性认识的重要指引。扬州市全面贯彻落实中央和省委省政府决策部署，坚持稳中求进工作总基调，聚焦供给侧结构性改革，践行新发展理念，转变发展思路，统筹好改革发展稳定工作，积极融入长江经济带建设，努力打造新兴科创名城，为建设"强富美高"新扬州、全面建成小康社会、开启现代化新征程奠定基础。

2018年，作为学习贯彻习近平总书记在江苏视察时的重要讲话精神，实施创新驱动发展战略的重要举措之一，扬州市积极寻求转型升级新路径，大力发展创新型经济，不断推进基础产业、战略性新兴产业和传统特色产业的协同发展，出台培育相关产业集群的实施意见，深入推进"科教合作新长征"计划，加快科教创新城和科技创新载体的规划建设，完善产业创新生态体系建设，在提升扬州城市发展动力方面取得了明显成效，打造了良好开端。在2018年"重大项目质量优化年"的坚持创新引领下，全市大力推进产业向产业链、价值链高端攀升，以特色优势产业为抓手，打造具有扬州特色的现代化产业集群；重点推进产业基地、示范建设、产业

5. 大城市（扬州）双链融合发展的现状、成效、问题与劣势

集群培育等工作，打造新兴科创名城，助力产业链与创新链的融合发展。整体而言，扬州市的创新链与产业链融合发展取得了一定的成效。

5.1 扬州的产业现状

经过改革开放四十多年的发展，扬州已经形成了二、三产业并驾齐驱的产业结构模式。其中，第三产业第一次超过第二产业，成为扬州市的第一大产业，占比48%。目前扬州的第二产业为324的产业结构，主打九大新兴制造业。具体为汽车及零部件、高端装备、新型电力装备等三个千亿级集群，软件和信息服务业、高端纺织和服装等两个五百亿级集群，海工装备和高技术船舶、生物医药和新型医疗器械、食品、航空产业等四个百亿级集群。第三产业则形成了旅游业、餐饮业两个千亿级产业集群，和建筑业、消费娱乐业两个五百亿级产业集群。现代服务和新兴制造业已经是扬州经济腾飞的双翼，为扬州创新经济的发展提供着坚实的产业基础。

2020年4月2日，在全市招商引资暨项目建设攻坚动员大会上，由扬州市工信部门编制的《扬州市先进制造业集群重点产业链图谱》正式发布，通过梳理重点行业产业链，为扬州市高端制造项目招商引资提供了指南。

这份134页的"图谱"梳理出扬州市在新兴制造业上面的九大产业以及16个具有一定优势基础和发展前景的细分产业，包含了这些细分产业在扬州市的主要布局、产业链重要

节点以及节点上已有的和暂缺的龙头企业，同时，附上了这些节点国内外的知名企业。通过图谱，我们可以清楚地找到扬州市产业链的缺项、短板和关键环节，按图索骥地去推进项目招引和技术攻关。

图谱出来之后，对于未来的项目建设也有了一个明确的方向，哪些节点要加强、哪些节点要进一步地补充，这样扬州市相关部门上门招商就有了明确的对象和目标。

打造先进制造业集群是扬州市推进经济高质量发展的先手棋，扬州市明确重点打造包括汽车与零部件、高端装备等9个先进制造业集群。市工信部门围绕扬州市9大重点产业集群补链、扩链、强链的关键环节。

具体目标为：汽车及零部件产业集群（含汽车及零部件、节能与新能源汽车），主营业务收入2020年达1350亿元，2025年达1800亿元；高端装备产业集群（含数控成型机床、食品饲料机械、工程机械、节能环保装备、工业机器人及精密减速器），主营业务收入2020年达1300亿元，2025年达2000亿元；新型电力装备产业集群（含新能源），主营业务收入2020年达1000亿元，2025年达1600亿元。

软件和信息服务业产业集群（含行业应用软件、嵌入式系统、信息技术服务），主营业务收入2020年达560亿元，2025年达1000亿元；高端纺织和服装产业集群（含纺织纤维新材料、品牌服装家纺），主营业务收入2020年达500亿元，2025年达700亿元。

海工装备和高技术船舶产业集群（含海洋工程装备、高技术船舶与特种船舶、船舶配套），主营业务收入2020年达

400亿元，2025年达500亿元；生物医药和新型医疗器械产业集群（含生物医药、新型医疗器械），主营业务收入2020年达250亿元，2025年达350亿元；食品产业集群（含传统食品、油米水产、饮料制造），主营业务收入2020年达135亿元，2025年达200亿元。

扬州市省级专精特新小巨人企业总数到2020年达60家，2025年达100家；到2020年，高新技术企业累计达500家以上，引进2个国家级标准重点实验室，建成10个省部级标准重点实验室，20个市级重点实验室；到2020年，全市实施新开工工业重大项目160项，重点技改项目600项以上；到2025年，累计创成国家、省级、市级智能车间智能工厂200家以上。

有了发展目标，还需明确在哪个领域"发力"。扬州给出了主攻重点领域，明确了九大产业集群的发展方向。

1. 汽车及零部件产业

组建宝应汽配产业促进中心。

汽车及零部件产业集群将依托仪征、邗江、江都、市经济技术开发区等4个省级汽车及零部件产业基地，辐射带动高邮、宝应汽车零配件专业园区建设，组建宝应汽配产业促进中心；全力推进上汽大众仪征工厂二期30万辆整车及配套关键零部件项目建设，进一步做大总量。

在节能与新能源汽车方面，依托仪征、邗江、江都3个汽车园区，以上汽大众、亚星、九龙等整车企业，金威、三源等专用车企业，罗思韦尔电气、金阳光等零部件企业为主体，整车重点突破新能源乘用车，提升和拓展新能源客车、新能源专用车产品特色。

2. 高端装备产业

研发一批国际先进高端数控装备。

高端装备产业集群将在数控成型机床、食品（饲料）机械、工程机械、节能环保装备、工业机器人及精密减速器等方面"发力"。

在数控成型机床领域，依托扬力、亚威等骨干企业和哈工大机器人研究院等创新平台，重点突破一批"卡脖子"的关键技术，在产品精度、装备可靠性、生产效率等核心质量指标上，对标赶超国际先进企业，创新研发一批国内领先、国际先进的高端数控装备。

在食品（饲料）机械领域，依托骨干企业，聚焦突破无人化智能化饲料生产技术、饲料加工成套装备的大型化智能化绿色化技术、高效智能化油脂机械淀粉机械及发酵机械的设计与制造技术。

在工程机械领域，以广陵开发区、高邮汤庄等液压环保和江都水泥机械等特色产业集中区为主体，重点发展新型自卸车智能型机电液一体化挖掘机、装载机、混凝土搅拌、液压和气压动力机械设备。

在节能环保装备领域，以市经济技术开发区、淮扬经济开发区、江都真武水处理设备集聚区等为主体，重点开发大尺寸外延片制备和集成封装、新型脱硫脱硝装备、高效水处理设备、高效节能机电设备等关键技术装备。

在工业机器人及精密减速器领域，依托恒佳自动化等企业，创新研制折弯、激光、锻造、码垛、龙门式直线工业机器人等产品。

3. 新型电力装备产业

加快实施宝应光伏"领跑者"计划。

新型电力装备产业集群将重点培育新型电力装备、新能源两大产业。

在新型电力设备方面,以中航宝胜等企业为核心,加快重点技术创新项目的培育与成果转化,支持骨干企业与省级研发机构和创新中心合作,推进智能化高压电器设备、智能配电网成套设备、柔性直流输配电设备、高压成套试验设备、电力金具、电能质量监测等重大技术装备及产品的研发及产业化。

在新能源领域,以晶澳太阳能等龙头企业为核心,做强现有太阳能电池片、硅片集聚优势,加快实施宝应光伏"领跑者"计划。

4. 软件和信息服务业产业

推进信息服务产业基地向高端转型。

软件和信息服务业产业集群将重点培育行业应用软件、嵌入式系统、信息技术服务等产业。

在行业应用软件方面,重点发展工业应用软件,依托宏普等工业软件企业及亚威等信息化程度较高的制造业企业开展高端数控系统、现场总线控制系统、产品数据管理、工艺软件、仿真测试等软件研发,大力发展工业数据集成、工艺加工知识库、工业云等应用服务。

在嵌入式系统方面,依托航盛电子等骨干企业,重点发展各类自主可控的嵌入式系统和解决方案,开展嵌入式软件技术与人工智能、模式识别技术深度融合攻关,实现嵌入式系统的智能可靠、网络互联、柔性集成。

在信息技术服务方面，推进江苏信息服务产业基地向数字内容、平台运营、咨询设计等产业价值链高端转型，建立数字内容创作、加工、处理、集成一体化平台，开展虚拟现实、互联网相关的新媒体信息服务。

5. 高端纺织和服装产业

重点发展高品质时尚男装童装制服。

高端纺织和服装产业集群将围绕纺织纤维新材料、品牌服装家纺两方面"发力"。

在纺织纤维新材料方面，依托仪征化纤等骨干企业，突破高强度、低蠕变、防切割、超细旦超高分子量聚乙烯材料，推动聚丙烯无纺复合底布、再生纤维扩产技改、5000吨对位芳纶纤维等重大项目建设。

在品牌服装家纺方面，依托虎豹、笛莎、柏泰、波司登等企业，重点发展高品质时尚男装、童装、制服，在提升服装加工智能化的基础上，推动企业围绕个性化定制、网络化生产和品牌化提升，向创意设计、研发创新和品牌营销两端延伸。

6. 海工装备和高技术船舶产业

发展一批专用海洋工程装备。

海工装备和高技术船舶产业集群将重点培育海洋工程装备、高技术船舶与特种船舶、船舶配套等产业。

在海洋工程装备方面，依托中船澄西、中西造船等企业，重点突破海洋风能等新能源开发装备自主设计建造技术、大型吸砂船高效率吸砂设备和系统集成的研发制造等，重点发展海上风塔、自卸式吸砂船、浮船坞等一批专用海洋工程装备。

在高技术船舶与特种船舶方面,依托扬州中远海运等骨干企业,重点突破化学品船不锈钢无余量建造等技术,重点发展超大型集装箱船、大型绿色节能环保型散货船等一批高端船型。

在船舶配套方面,重点突破船用电缆低烟无卤阻燃技术、区域舾装精度控制技术、船舶电子控制系统技术,重点发展船用电缆、舾装件、船舶电子等船舶配套产品。以中船重工七二三研究所为重点,研制开发生产各类船用雷达设备,加紧推动民品技术转换。

7. 生物医药和新型医疗器械产业

推进生物制造向工农业辐射转化。

生物医药和新型医疗器械产业集群将重点培育生物医药、新型医疗器械两大产业。

在生物医药方面,依托联环药业等企业,重点发展以生物农业、生物工业为特征的新医药、生物医学工程等,大力推进生物制造等共性技术向工业与农业领域辐射转化,重点打造扬州高新区生物健康产业园等产业载体。

在新型医疗器械方面,支持海明医疗器械等重点企业发展高性能医疗影像设备,重点推动赛诺格兰PET/CT项目,加速开发拥有自主技术和品牌的临床常用医用材料,着力建设医疗器械产业高水平集聚区。

8. 食品产业

重点发展调味品、绿色猪肉等产品。

食品产业集群将重点培育传统食品、油米水产、饮料制造等产业。

在传统食品领域，依托三和四美等企业，重点发展调味品、速冻面点、藕制品、绿色猪肉等产品，支持三和四美总投资 3 亿元腐乳食醋等调味品生产线新建项目，着力推动传统食品产业化发展。

在油米水产领域，依托我市优质的农副产品资源，支持方顺粮油等重点企业发展食品专用油脂、专用面粉、肠膜蛋白粉、精加工水产品、蛋制品等产品，重点突破棕榈油脂肪酸多样化、小麦糊粉层粉剥刮提纯营养固化、咸鸭蛋循环腌制等关键技术。

在饮料制造领域，支持顶津食品、扬大康源乳业等重点企业发展茶饮料、果汁饮料、包装饮用水、巴氏鲜牛奶、酸牛奶、乳饮料、啤酒、特色麦芽等产品，重点突破人源益生菌种质资源库与益生菌功能发掘、多菌株生长存活协同增效、啤酒酿造纯净化等关键技术。

9. 航空产业

重点实施中航机载、仪征中星北斗等一批战略性新兴产业项目和重大科创载体项目，推进实施大运河文化园等一批现代服务业项目，带动全市项目体量质量同步提升，确保全市固定资产投资增长 6.5%。

加快布局飞机研发设计、航空装备制造等重点项目，重点以 601 所扬州协同创新研究院和中航机载共性中心项目为牵引，加快布局飞机研发设计、航空装备制造等重点项目，落实好航空科技创新"十个一"工程。

5.2 扬州市双链融合发展的现状

在原有产业布局的基础上，经过近 10 年的城市创新规划布局建设与产业结构调整，从宏观层面来看，扬州市目前在围绕环保、电子信息、汽车等为主线的发展上，形成了比较健全的"大"产业链条，并开启了与创新链的融合工作建设；在数控设备技术、农药化工技术等方面具有前沿创新性，围绕这些技术的成果转化也衍生出了不少新兴产业，延长并巩固了原有的产业链条，或是围绕龙头企业集聚成"小"的产业链条。整体而言，扬州市的双链融合工作开展稳步进行，为城市的产业结构调整、转型升级、集聚区打造以及人才引入等带来了极大的正向效益。

5.2.1 围绕产业链融合创新链

1. 以环保为主线的产业创新链条融合

扬州市在环保产业上初步形成了环保新材料研发生产、环保设备生产、环保产品经营以及环境保护服务的产业链条。在数量上，从事环境保护及相关产业的企事业单位逾 400 家，其中近 80% 是专业单位、20% 是兼业单位，近 60% 属于产业链上中游、40% 属于产业链下游；在区域分布上，江都区以超过企业总数的 50%、人员总数的 40% 遥遥领先，其次分别是宝应县和邗江区，仪征市和高邮市次之；在人员结构上，从事生产经营的人员在数量上占比接近 50%，从事环境服务业的人员在数量上占比接近 10%，尚属于劳动密集型产业。

环保新材料产业作为产业链上游重要的一个环节，一方面承载着为其关联的环保设备产业提供新材料技术支持的任务，另一方面也不断涉足其他前沿领域如交通轻量化。以扬州扬农化工集团有限公司为代表的企业经过自主研发，已经形成了工程塑料聚苯硫醚（PPS）合成技术，但缺乏增韧降成本方面的改性技术以及市场应用开拓，一直停留在"沉果"阶段。通过与扬州大学以及中国石化仪征化纤维股份有限公司开展产学研合作，可使用高校的改性技术、下游企业的编织纺丝技术将 PPS 原料继续向高性能纤维制造、环保滤材产品研发、高效环保设备开发延伸发展，深度挖掘新材料行业和环保产业的发展潜力。此外，与下游环保咨询规划服务业合作，开展市场调查分析，同时研发铝合金、镁合金以及碳纤维复合材料等新材料，有针对性地推广交通轻量化的市场应用也有利于促进节能减排。

环保设备生产企业的主导产品主要有机械除尘设备、电除尘设备、水处理设备、垃圾处理设备、气体净化设备以及噪声控制设备等。"十三五"以来，围绕生产脱硫脱硝装备和水处理装备为主的环保装备生产企业数量增多，集中于邗江区和江都区，并已经基本发展成为市级规模以上的企业，但相关企业年销售收入超过 1 亿元的企业仅有 4 家，表明整体规模较小，缺乏高附加值产品。目前，有超过 70% 的规模以上企业已经发展成为高新技术企业，并通过深入开展与国内高校的产学研合作，积极以开发市场前沿技术为目标，进一步布局在产业链上游的技术覆盖面，力争"十四五"时期有更深层次的技术成果产业化转化，改变低技术重复生产的局面。

5. 大城市（扬州）双链融合发展的现状、成效、问题与劣势

表 5-1 部分开展了产学研合作的企业／高校／科研院所

序号	企业名称	产学研合作方
1	江苏鑫东方环保设备科技有限公司	南京工业大学
2	江苏正帆华东净化设备有限公司	江苏大学
3	扬州楚门机电设备制造有限公司	河海大学
4	建业庆松集团有限公司	扬州大学
5	江苏博一环保科技有限公司	江苏大学、扬州大学
6	江苏中兴化工设备有限公司	常州大学
7	扬州市金威机械有限公司	吉林大学水资源环境研究所
8	江苏新浪环保有限公司	扬州大学
9	扬州庆松化工设备有限公司	齐鲁工业大学、常州大学
10	扬州琼花涂装工程技术有限公司	扬州大学
11	江苏峰业科技环保集团股份有限公司	华北电力大学、浙江大学
12	扬州宁达贵金属有限公司	同济大学、上海交大、江苏理工学院
13	江苏清溢环保设备有限公司	清华大学、同济大学、扬州大学
14	江苏天雨环保集团有限公司	清华大学、南京理工大学等
15	江苏新天鸿集团有限公司	北京大学、南大、江苏大学、中科院
16	扬州澄露环境工程有限公司	江苏大学
17	扬州绿都环境工程设备有限公司	江苏大学

环保产品经营型的企业多以小微企业为主，涉及环保设备的设计、安装、调试、维修以及有关技术咨询和服务的企业。但相较于环保设备的生产研发，此类行业与创新链的融合较浅，尤其是上游环保设备生产制造型企业开始配备专业的技术咨询服务团队，使得该环节的竞争力加剧。此链条环节的企业有一部分是从机械行业转型而来，在机械行业不景气且国家大力倡导环保时"兼营"了环保设备行业，具备一定的机械设备生产基础却又存在行业壁垒关卡，进而形成了当前的状况。

下游的环境服务业的发展尚未跟上节奏，在整个链条中所占比例偏低，无论是从事环境服务业的人员还是整个环境服务业的总收入，都只占比相应总量的10%—13%，而这些数据主要还是由环境评估与评价、环境检测两个方面贡献的。缺乏环境技术研发推广、环境政策规划咨询、环境审计与审核认证等方面的服务是扬州市环保产业链条发展的一个短板之一。未来可以进一步考虑引入新兴的大数据挖掘技术、区块链技术，深度分析环境发展状况，强化规划咨询的针对性与环境审计审核工作的权威性，促进行业链条与创新链的深度融合。

2. 以电子信息为主线的产业创新链融合

以电子信息为主线的产业链条一般包含上游的材料、设备生产、系统开发等行业，中游包含电子元器件如集成电路、电容、电感等，下游可以延伸到消费电子、通信设备、智能终端，甚至是软件开发服务业等，呈现出产业链条长、价值密度高、发展潜力大、集聚效应明显、行业带动性强等特点。扬州市

5.大城市（扬州）双链融合发展的现状、成效、问题与劣势

通过对科技园、产业集聚区的布局，已在一定程度上初步形成了围绕电子信息发展的产业链条。

电子信息材料一般是指在微电子、光电子技术和新型元器件基础产品领域中所使用的材料，主要包括以单晶硅为代表的半导体微电子材料、激光晶体为代表的光电子材料、介质陶瓷和热敏陶瓷为代表的电子陶瓷材料等。经过"十二五"时期全市对电子信息相关产业50个重大项目的全力引进，累计超过500亿元总投资和"十三五"前期的产业综合体、科技园区的工作部署与推进，扬州市目前正向半导体照明和光伏材料及其制品（重点为砷化镓单晶衬底材料及半导体照明器件）和微电子材料及其制品（重点为高性能陶瓷器件、特种电子元器件、电子薄膜产品及高性能电极箔）发展。无论是产业链的上游还是中游，着力通过产学研合作项目提升技术创新能力。现已与中科院半导体研究所、南京大学、西安交通大学、国家市场监督管理总局等院所单位合作建立了一批研发平台和检测平台，有国家级光电产品检测中心"国家灯具产品强制性产品认证（3C）指定检测实验室"、20家国家级、省级公共服务平台和研发机构，为企业科技创新提供了有力支撑。中科半导体承接了国家863计划、国家重点技术改造项目、省成果转化等重大科技专项，其中，"低热阻高光效蓝宝石基GaN LED材料外延及芯片技术"荣获国家技术发明二等奖，实现了扬州市多年来国家技术发明奖"零"的突破；乾照光电生产的超高亮度红黄光外延片、芯片的性价比、产品一致性均位居全国第一（见图5-1）。

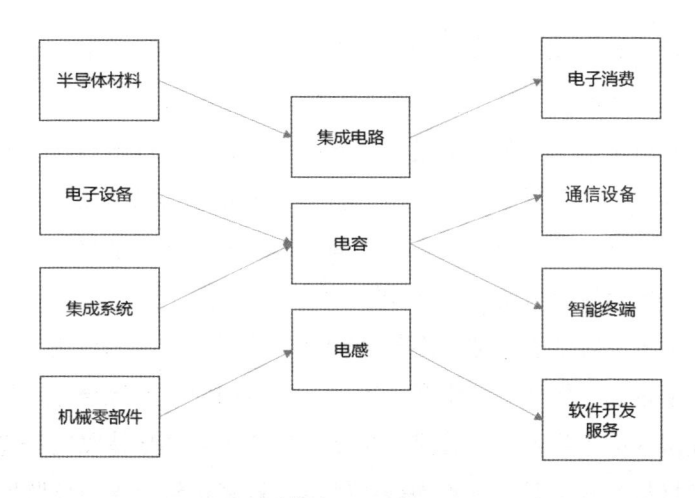

图 5-1 电子信息产业链关联产业示意图

在下游市场应用方面,通过与材料行业、电子元器件、现代信息技术的紧密结合,扬州市已经开始紧扣前沿趋势,着手在智能穿戴产品、车联网、智能家居、虚拟现实等几个领域的布局工作,深入与软件信息服务业、网络信息安全产业融合,力争在"十四五"时期能够抢占市场高地,加快创新驱动的发展建设。

表 5-2 电子信息产业链下游产业布局

下游产业	集聚区／领头企业	发展领域	2020 年建设目标
新光源	璨扬光电 乾照光电 艾笛森	LED 外延片、芯片、大功率封装器件、智能化照明灯具等	外延片、芯片产量达 600 万片／年;大(小)功率封装器件产量 200kk(3 万 kk)／年;国家／省级"两站三中心";引进高层次人才 20 人以上,获批专利 200 件以上;主营业务收入 160 亿元

- 150 -

续表

下游产业	集聚区／领头企业	发展领域	2020年建设目标
电线电缆	曙光电缆、湖西集聚区、宝胜集团、迅达电磁线	通信光缆、电磁线；超高压、特高压电缆、超导电缆；航空航天等特种电缆	主营业务收入达400亿元；"十四五"初期较"十二五"末期增长30%
新型显示设备	川岳科技	显示材料、元器件、生产工艺等的研发；OLED研发制造、PMOLED柔性显示；MO源、特种气体等配套	主营业务收入达50亿元；"十四五"初期较"十二五"末期翻一番
集成电路	国芯半导体（仪征）有限公司	面向通信、卫星导航、工业控制等的芯片设计与产业化	主营业务收入达100亿元；"十四五"初期较"十二五"末期翻两番
物联网	仪征物联网产业园	研发智能和微型传感器、超高频和微博RFID、地理位置感知等技术；近距离无线通信、低功耗传感网节点、M2M终端应用；大数据存储、实时数据处理、安全智能分析决策等技术	主营业务收入达900亿元；占比全产业主营业务收入50%以上
智能穿戴	广陵区头桥镇、美国佳明、中国映趣等市外企业合作；可瑞儿科技、中惠医疗	传统医疗领域的器械向智能化、高端化、电子化趋势发展	实现健康电子秤、能量消耗仪、数字化B超、心电监护仪等常用设备向可穿戴健康数据测量设备转型
车联网	上汽大众、九龙汽车、万方电子、罗思韦尔、万事通通讯	互联网+汽车 互联网+交通	智能汽车、汽车传感器、汽车行车记录仪、智能导航终端等领域上形成一批具有自主知识产权、有自主品牌、有一定市场份额的车联网产品，成为扬州市电子信息制造业的重要新兴增长极

续表

下游产业	集聚区/领头企业	发展领域	2020年建设目标
智能家居	骏升科技、上扬无线、永道射频、天诚智能、西贝电子	智能遥控、射频识别、照明系统、网络家电、安防系统等	布局智能家居的基础领域，并在关键环节形成较强竞争实力
虚拟现实	引进HTC、三星、乐视等企业入扬建立基地；扶持培育曙光仪器等企业	配套上游元器件生产企业和下游软件开发企业	完善上下游配套体系，开拓出终端市场，提升综合水平，建设本土品牌

宏观区域集聚上，在宝应经济开发区形成了以宝胜集团为依托，以新型电线电缆材料、尼龙工程塑料等产品为主的下游行业集聚区；在高邮经济开发区形成了聚酯膜电容器、聚丙烯膜电容器及新型储能电源设备等产品为主的中游行业集聚区；在市经济开发区形成了以碳纤维复合材料、光伏产业新材料以及半导体系列产品、单晶硅片以及新光源关键零部件制造等为主的上游行业集聚区。以新光源为例，目前初步构建了"衬底材料—外延片—芯片—封装—应用"的完整链条，其中电线电缆行业的企业总数占比电子信息制造业的60%以上、主营业务收入超过40%。

3. 以汽车为主线的产业创新链融合

以汽车为主线的产业链条比较成熟，大致涵盖四个方面——产品设计与研发、零部件生产供应、汽车生产装配制造以及汽车销售与增值服务。从细分市场来看，上游主要关

5. 大城市（扬州）双链融合发展的现状、成效、问题与劣势

联到原材料行业，如钢铁、有色金属、橡胶、碳纤维复合材料、石化、塑料、玻璃等；中游主要是生产制造环节，与机械电子设备、数控机床、自动化生产线以及智能化信息系统关联；下游主要与现代服务业关联紧密，如物流、金融、保险、销售、广告、旅游、维修等，甚至可以促进地区水泥、建材等基建行业的发展。未来，随着 5G 技术的普及、AI 技术的成熟，无人驾驶技术也将得到进一步推广，会不断深化汽车产业链的发展。

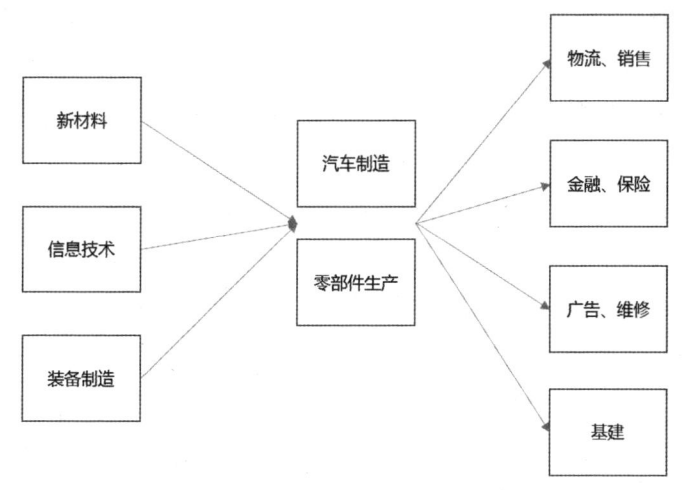

图 5-2 汽车产业链关联产业示意图

目前，在汽车产业链的上游，除去传统钢铁等的供应，新材料供应上主要还是以镁合金、铝合金、碳纤维复合材料和轨道交通材料为主，扬州市在此环节上也部署有金属板材加工及复合材料加工成型行业。全市涉足金属板材加工设备制造业的企业超过 40 家，形成了以扬立集团、亚威公司、捷

脉公司等为核心的锻压设备企业群，产品范围广，涵盖了数控机床的绝大多数型号，这对汽车及其配套行业在整车组装、配件生产方面具有重要的支撑作用，是不可或缺的上游装备制造业。为了进一步缩小与国内外其他企业的差距，扬州市已经开始积极部署从驱动过程数字化、成形速度高速化、成形制造智能化以及成形装备成套化等方向的技术研发与创新，力争金属板材加工设备向数控化、自动化、柔性化、专业化、高速化方向发展，抢占未来装备制造业发展的高地并为中下游的汽车行业提供有力的技术设备支持。在上游新材料领域，产业发展尚处于伊始阶段，但创新势头已经不可阻挡。扬州晨化新材料股份有限公司的聚氧化丙烯二胺新型环氧树脂固化剂产品、扬州市伊丽特高分子材料科技有限公司的低温/室温可固化腰果酚改性胺与腰果酚改性酰胺技术及其产品，以及扬州大学无溶剂环氧树脂防腐涂料与复合材料研制技术，通过产业化的转化可极大地促进汽车等交通工具产业的创新。扬州立德粉末冶金股份有限公司与扬州大学高分子化工与材料研究所的产学研合作，将世界先进水平的汽车减震器及合格 PTFE 套件生产技术与 PTFE 纳米改性技术结合，开发 PTFE 和 ETFE 改性材料，充分将产业链条向汽车零部件等领域延伸。

  在汽车产业链的中游，无论是汽车制造企业，还是相应的配套产业，扬州市均有较为广泛的布局，初步具备了稳固产业链中游环节的基础。在龙头整车制造企业方面，现有可起到龙头带动效应的企业超过 15 家，具体有江苏亚星、上汽仪征、扬州中集通华、扬州江淮、江苏九龙、盛达特种车、三源机械等等，涵盖了市面上常见的轿车、客车、货车、专

5. 大城市（扬州）双链融合发展的现状、成效、问题与劣势

用（特种）车及新能源汽车等。在关键零部件配套方面，大小不同规模的零部件配套企业超过 200 家，如潍柴扬州柴油机、亚普汽车部件、扬州双环活塞环、扬州五亭桥缸套等等，近年来百亿元以上的企业也开始涌现。自 20 世纪八九十年代打造出了一批诸如"亚星""女神""黎明"等国内知名品牌的客车以来，扬州市一直注重在汽车方面培育创新能力，走"专、精、特"的发展道路，如中集通华的产品中有 17 种被列为江苏省高新技术产品、10 种被列为国家级重点新产品、78 项技术获得国家专利、8 项发明专利以及 4 项国家级火炬计划和 1 项省级火炬计划；又如已围绕本产业链环节的各类型集聚企业布局有汽车及零部件产品数字化设计与制造技术、汽车及零部件企业节能技术推广应用、车用热交换器研发和性能试验检测、升级汽车燃油系统检测等科技公共服务平台，全面提供技术支撑。

表 5-3 部分汽车制造企业创新工作介绍

企业名称	技术特色	其他
上海大众汽车有限公司仪征分公司	1. 拥有两条国内汽车最先进、自动化程度最高的高速冲压生产线。 2. 300 多台机器人高效运用点焊、激光焊等车身加工工艺。 3. 无中涂水性漆涂工艺及电泳第四代 RoDip 技术，油漆自动化率高达 85%。	1. 第一期工程已于 2012 年 7 月正式投产，现已在仪征生产整车超过 200 万辆。 2. 第二期工程已于 2019 年 3 月开工，预计 2021 年上半年竣工投产，计划投资逾百亿元，规划年产整车 30 万辆。

续表

企业名称	技术特色	其他
江苏九龙汽车制造有限公司	1. 广泛涉足商务、旅游、客运及专用车市场。 2. 通过 ISO9001 国际质量体系认证，多个产品获得国家工业和信息化部公告，通过中国国家强制性产品认证（CCC）；2019年获得商务部整车出口资质，客运市场等级评定为高一级，多个产品获得省高新技术产品认证。 3. 累计获得外观专利、实用新型专利、发明专利超过 30 多件。	1. 2010 年九龙商务车批量进入国内主流市场，并远销海外 32 个国家和地区。 2. 2011 年被认定为国家高新技术企业。
扬州江淮轻型汽车有限公司	1. 具有冲压、焊装、涂装和总装四大生产工艺。 2. 专业化的污水处理技术、检测线配套系统。 3. 2009 年量产了江淮皮卡，后又研发出 4DA1、4D25、491Q 标准版等车型。 4. 2010 年第一季度，江淮皮卡成为皮卡业界销量增长势头最猛的一个品牌。	1. 江汽集团首次在合肥以外的地方建设的主机厂。 2. 江汽集团商用车三大生产基地之一。 3. 现已成功出口马里、埃及、秘鲁、安哥拉、哥伦比亚、科特迪瓦等五十多个国家和地区。

5. 大城市（扬州）双链融合发展的现状、成效、问题与劣势

表5-4 部分零件配套企业创新工作介绍

企业名称	技术特色
亚普汽车部件股份有限公司	1. 自1993年起一直是国内汽车油箱行业的龙头企业，国内市场占有率超过50%。 2. 2009年跻身世界汽车燃油箱系统行业前4强。 3. 连续7年获得"中国工业企业行业排头兵"荣誉称号，荣获江苏省创新型企业、江苏省信息化工业化两化融合示范企业等多项荣誉称号。
潍柴动力扬州柴油机有限责任公司	1. 轻型四缸发动机行业中，已经由第八位上升到第六位。 2. 业务涉及发动机及配套产品的设计、开发、制造等。
仪征双环活塞环有限公司	1. 国内最大的活塞环生产销售基地，二十多年来销量国内第一。 2. 建有江苏省博士后科研工作站，省级技术中心、中科院高性能活塞环联合研发中心等专业研究机构，还聘请了多位国内外专家作为公司技术咨询委员会委员。
扬州五亭桥缸套有限公司	国内唯一可以同时拥有铸造、铸件整体淬火、表面处理薄壁加工、内孔珩磨平台网纹等诸多加工技术手段的企业。
江苏奥力威传感高科公司	汽车用各类传感器、汽车燃油系统附件及汽车内饰件，其中汽车油位传感器销量占国内乘用车市场的30%左右，是国内最大的汽车油位传感器专业制造商。
江苏罗斯维尔电器有限公司	主营车身电子控制系统、车载电子装置和汽车电器，长期为国内10余家商用车和轿车企业提供专业配套和技术服务。
江苏奔宇车身制造有限公司	是工程车驾驶室研发、生产、销售、服务为一体的民营高新技术企业，与全球工程机械制造业前十强企业日立建机株式会社、徐州徐工集团，国内工程机械知名制造企业广西柳工、广西玉林玉柴等近20家企业建立了长期发展战略合作伙伴关系，产品占市场份额在20%以上。
江苏卡明模具有限公司	专业从事汽车及工程机械模具研发、制造、销售的省民营高新技术企业，获批中国汽车零部件冲压模具重点骨干企业，与上汽集团、长安汽车、比亚迪卡特彼勒、约翰迪尔、江苏九龙等汽车及工程机械生产厂家配套，年产值近4亿元。

除去自身的研发投入外，大部分企业都积极开展产学研合作，涉及清华大学、东南大学、江苏大学等国内一流的高校。据不完全统计，全市175家规模以上的汽车及零部件制造企业中有高新技术企业41家，建立广泛的产学研合作关系的企业超过90家。可见，无论是整车制造企业还是零部件配套企业，扬州市的汽车行业都积极投入到技术创新中去，同时寻求一切外部创新力量融入行业发展，壮大产业链条的中间环节。在产业集群方面，通过对200多家规模以上企业的抽样调查发现，主要集中分布在仪征市、江都区、邗江区以及广陵区等区域，已经形成了相对较为明显的集群区。从图5-3也可以看出，汽车制造业的集聚与城市科技综合体、园区等的分布还是具有很大的关联性的，这也表明该行业确实需要深度融合技术创新链。

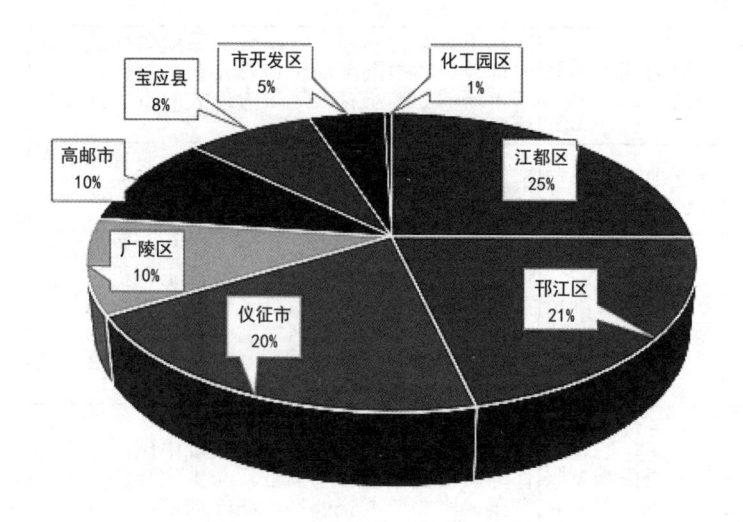

图 5-3 扬州规模以上汽车工业企业区域分布（抽样调查）

5.大城市（扬州）双链融合发展的现状、成效、问题与劣势

汽车产业链下游更多的是侧重于服务，可进一步深入扩展与人们生活相关的领域，尽管不需要过多地与技术创新结合，但若与管理运营模式创新相结合亦可创造出更大的收益。以下游链条扩展为例，汽车生产、交通运输及旅游三者的联盟，可进一步延伸产业链条终端。根据"十三五"初期对客运市场的调查，全市在省际包车、县际包车等主要经营指标上有所下滑，车辆利用率整体处于微利水平，部分企业甚至处于亏损状态，这与近年来的市内公路里程、文化产业服务建设发展也有一定的关联，产业链的市场终端伸展不开。随着未来内需的进一步扩大以及精神消费逐渐为国内人所喜好，扬州的美食、人文等都有进一步开拓消费市场的空间，通过引入互联网技术，与交通运输业协同发展，接上汽车产业链的下游终端，重点创新服务模式如已经在部署的客运汽车Wifi覆盖、"巴士管家"线上服务平台以及正在深入推广的旅游路线规划推荐、机车车站定线包车等，将有助于在现有的基础上进一步做强产业链条。

表5-5 扬州市近年公路里程

年份	公路总里程（千米）	高速里程（千米）	高速占比公路
2014	10525.44	317.82	3.02%
2015	10530.08	270.91	2.57%
2016	9546.36	270.19	2.83%
2017	9610.43	293.69	3.06%

此外,"十三五"初期,即新增 4A 级物流企业 1 家、3A 级 3 家。新增上市公司 3 家、"新三板"挂牌公司 20 家,新设金融机构 7 家,直接融资 318.9 亿元。2019 年,又持续在小微企业融资贷款上创新多种模式,考虑到金融政策的滞后效应,预计可在"十四五"时期对汽车行业下游企业的发展产生显著的作用。

5.2.2 围绕创新链融合产业链
1. 围绕数控技术创新的产业链建设

数控技术是指根据数字测量编程而实现的控制机械以及其他设备的自动化工作的一种新型技术,目前也开始由早期的硬件数控技术逐步转变为硬件数据技术与软件数据技术融合发展的,并且可广泛应用于模具加工、零件加工等装备制造业。在早期的技术布局与发展的影响下,"十二五"时期扬州市在邗江经济开发区已建设有中科院扬州应用技术研发与产业化中心、扬州数控机床研究院等实力较为雄厚的公共技术服务平台,围绕该项技术就布局了包含毛坯铸造、焊接、零部件加工、模具制造等产业,产业链条初步显现。同时,还注重引入国外先进技术,如德国哈雷公司在邗江开发区建立液压系统制造企业,实现数控机床的"心脏"在园区内制造。而近年来,又伴随着计算机和电子信息技术的迅猛发展,数控技术发展得到了包括 CPU 处理速度、网络传输速度等多种硬件基础的强有力支撑,极具前景。扬州市现有的工业机器人、环保设备、石油装备、高技术船舶、建材以及汽车等各制造业领域都融入了数控技术,局部构建出了含装备制造业、零部件制造业的产业链。尤其是金属板材加工设备制造业，其"冲""剪""折""压""割"等五大类产品均离不开数控技术，其数控激光切割机、数控转塔冲床等多个高技术产品已经占据国内市场40%的份额，可为扬州市打通汽车、家电、环保、新材料等行业的链条式发展提供坚实的基础。综合看来，数控技术作为关系多个国计民生产业链的核心技术之一，正在不断发挥着引领扬州市各大主要产业链技术转型升级的影响力，推动创新链与产业链的融合发展。

2. 围绕化工技术创新的产业链建设

扬州市现有化工类型的高新技术企业主要涵盖了石油化工、农药、溶剂、涂料和化工材料等几个领域，规模以上的化工企业各区域分布比例如图5-4所示。目前，大致向两个方向发展，其一是依托扬州化学工业园，重点向石油化工、精细化工、化工新材料和石化物流四个方向集聚发展；其二是园区外以扬农集团和江都长青农化为龙头企业的农药技术研发。

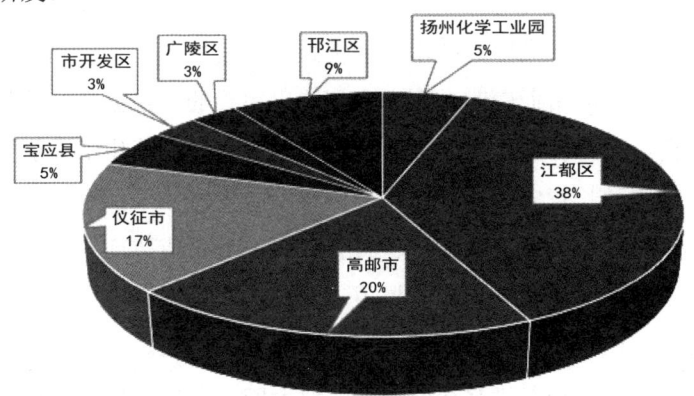

图 5-4 部分规模以上化工类企业区域分布

表 5-6 部分化工类企业技术特征

类型	代表性企业	技术特征
大宗化学品生产企业	辽宁奥克、亚东石化、大连化工	以乙烯、丙烯、甲醇等为基本有机化工原料，注重反应过程的核心技术，产出大宗化学品如环氧乙烷等，具有较大的规模效益
化工副产品分离/加工溶剂	江苏华伦化工有限公司	对大型国企的副产品进行深度分离或加工，提高附加值；目前是国内最大的芳烃溶剂供应商
化工材料类型	江苏扬农锦湖化工有限责任公司	重点攻克以国计民生重大需求为切入点，以新材料为核心的技术，发展快、产值利润双高且污染小
农药类精细化工产品	扬农集团、长青农化、优士化学、东宝农药、苏灵农药	扬农：农药用基本原料技术，如氯苯、硝基苯、氯碱；长青农化、优士化学：农药原药研制技术，吡虫啉、草甘膦；东宝农药、苏灵农药：农药制剂技术

化工类产品因其技术依赖性强、研发周期长、投入大、风险高等因素而较难在短期内打造出完善的产业链条，尤其是精细化工行业的农药类。目前，扬州市的农药化工围绕扬农集团和长青农化在基本农药原料上的先进技术，形成了一条"农药原药原料——农药化工品——农药药剂"的市场应用产业链，并在国内占据了一席之地，呈现出以技术创新带动产业链条延伸与企业集聚的良好协同效应。而市内的大型化工企业相对仍存在断层，产业链的上游原料和下游市场大多还处在市外，仅有极个别企业开始注重对产业链的构建，

如奥克化学以乙烯仓储为产业出发点，通过合成环氧乙烷、乙二醇和碳酸二甲酯，在企业内部形成一条上中下游一体化的产业链，减少了产品和原料运输成品的压力。

由于行业特殊性，化工类企业绝大多数都与高校、科研院所开展了产学研合作，共同推动技术研发与市场化应用，规模以上企业以及部分高新技术企业还自行设立研发中心，甚至是博士后工作站。目前，已形成稳定合作关系的产学研合作单位有南京大学、南京工业大学、东南大学、武汉大学、扬州大学、江南大学、沈阳化工研究院、中国药科大学、上海医药工业研究院、安徽农科院植保所等。通过专利等形式，企业在前沿技术创新上有了更坚实的基础，如扬农股份主要产品除虫菊酯的生产技术具有世界领先水平；优士化学主要产品草甘膦生产技术优于同行（如南通江山股份），特别是在污水处理和资源化上有较大的优势；长青农化主要产品吡虫啉生产工艺获国家清洁生产项目大奖，S-异丙草胺的手性合成技术获重大成果转化奖，等等。

5.3 扬州市双链融合带来的主要成效

1. 促进了产业结构调整，整体步入工业化发展后期阶段

传统产业的发展多以土地、资金、劳动力要素投入为主，辅以少量的人才、技术要素。通过双链融合工作的开展，一方面会促进延长各产业链条，每个环节的重要性将进一步显现；另一方面能够将技术创新驱动的发展模式逐步引

入到现有产业的发展中去，提升现有产业的附加值。扬州市地区生产总值已由 2014 年的 3698.89 亿元增至 2018 年的 5466.17 亿元；人均生产总值由 8.29 万元增至 12.09 万元，基本实现从高速增长过渡向中高速增长；三次产业结构由 6.5:51.0:42.5 调整为 5:48:47。按照钱纳里的工业化阶段理论（以人均生产总值和产业结构水平为主要参考），扬州市已进入由工业化中期迈向工业化后期的阶段。以服务业为主的第三产业比重持续增加，经济增长逐步向更加注重质量与效益的高质量发展阶段转变。

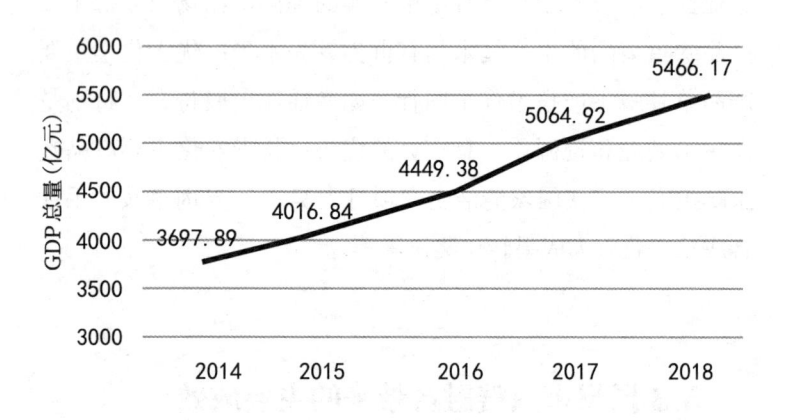

图 5-5 2014—2018 年扬州市经济总量发展趋势[①]

―――――――――――――
① 数据来源：扬州市统计年鉴。

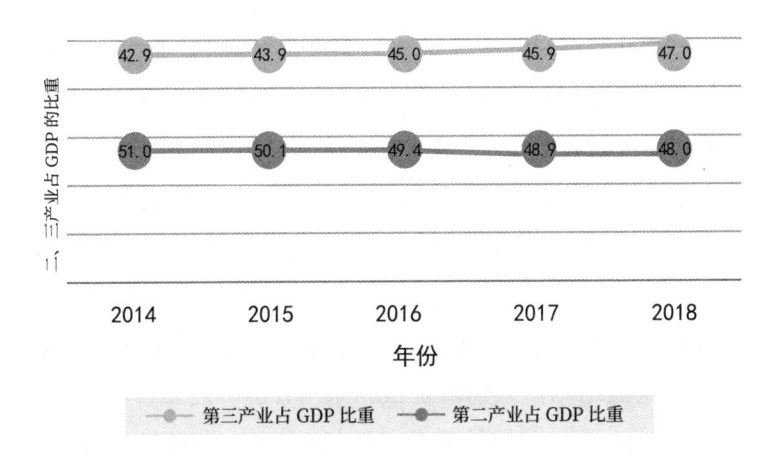

5. 大城市（扬州）双链融合发展的现状、成效、问题与劣势

图 5-6 2014—2018 年扬州市二、三产业占 GDP 比重及趋势

2. 主导产业地位更加突出，发展优势日益凸显

党的十九大以来，扬州市深刻把握转向高质量发展的根本要求，把提高供给质量作为主攻方向，着重提高工业经济的质量和效益，大力发展先进制造业和智能制造业，主导产业和优势产业全线发力，推动产业布局转型并不断朝着高端、高质优化。全市已形成了先进制造业为主导，战略性新兴产业快速发展，现代服务业加快布局的现代产业体系，整体实力不断提升，力争进入"中国制造 2025"国家级示范区之列。

2017 年，五大主导产业（先进制造业）累计完成产值 6274.2 亿元，增长 13.4%，总量占全市规模以上工业企业产值的 66.5%。其中机械装备产业产值达 3307.2 亿元，成为全市增长最稳健、拉动力最强的支柱产业，在行业内有一定知名度和影响力；汽车产业实现产值1280.2亿元，已形成较完整的生产制造和科研开发体系，具有较大产业规模和明显特色优势；石化产业产值突破至1058.7亿元，成为第三个产值过千亿的产业；新能源和新光源产业产值也达到519.7亿元，具备着一定的品牌效应和生产规模；船舶产业产值达到212亿元。

战略性新兴产业完成工业总产值4045.9亿元，增长16.5%。其中新材料、新光源、高端装备制造、智能电网、节能环保、生物技术和新医药6个与技术创新紧密相连的行业达到两位数增幅，分别增长28.7%、17.3%、15.3%、13.8%、12.9%和10.7%。战略性新兴产业在加快与现代前沿技术的融合后，表现出不俗的发展后劲，逐步实现产业加速转型升级，迈向中高端。

3.产业集聚环境形成，部分产业链初步构建

根据产业经济学和区域经济学的研究，产业发展可分为产业集中、产业集聚、产业集群三个阶段。扬州市主要产业发展均已跨过第一阶段，大多数处于由集聚向集群发展的初级阶段，部分产业在考虑环境和经济因素、协同效应后可形成一批特色产业集群，在优化地方资源配置后，高新技术产业集聚效应和集群发展的态势日渐明显。

3个千亿级集群、2个五百亿级集群、3个百亿级集群，扬州市政府在关于培育先进制造业集群的实施意见中明确指出，围绕省重点培育的13个先进制造业集群，在已形成一定优势的主导产业领域重点布局，重点培育地标性先进制造业集群，着力把扬州建设成为长三角地区重要的先进制造业基地。目前形成的八个特色集群如表5-7所示。

5. 大城市（扬州）双链融合发展的现状、成效、问题与劣势

表 5-7 扬州市八大产业集群及其主要的区域分布

产业类别	产业名称	主要分布区域
汽车及其零部件	汽车及其零部件	仪征市、江都区、邗江区、高新技术开发区
	新能源汽车	邗江工业园区和江都区为主
高端纺织和服装产业	新材料	仪征市（化工园区、仪征化纤、真州镇胥浦工业集中区），广陵新材料产业园
高端装备产业	建材机械	江都区（丁伙镇、仙女镇、邵伯镇、真武镇、丁沟镇）为主；广陵、邗江、生态新城、仪征等地为辅
	电线电缆	宝应县、高邮市
	电子信息设备	扬州光电科技产业园（高邮）、邗江数控装备科技产业园
	节能产业	较散，高邮、仪征、广陵、宝应、江都、邗江都有分布，其中前四个区域行业内高新技术企业较多
	环保设备	江都区占比超过50%，邗江市和宝应县两地超过10%，仪征、高邮、广陵及市辖区四地占比均在10%以下
	工业机器人	初创成长阶段，规模较小
	饲料粮食装备	江都为主，邗江和宝应为辅，仪征和广陵次之
	石油装备	中游设备为主，广陵、监督、高邮和仪征有较大企业集聚
生物医药和新型医疗器械产业	生物医药与器械	高邮、邗江、广陵为主宝应、仪征、江都少量
	农药化工	江都、仪征化工园

— 167 —

续表

产业类别	产业名称	主要分布区域
新型电力装备产业	新能源	经开区为主，仪征、高邮为辅，邗江次之
	半导体照明	高邮、仪征、经开区为主，邗江为辅，其中半导体照明上中游行业以经开区为主，LED灯具等下游行业以高邮、仪征为主
	电工电器	广陵、宝应、高邮、江都及开发区内科技园区和工业园区
软件和信息服务业产业	软件与信息服务	一基地三板块格局：（广陵）江苏信息服务产业基地，广陵、邗江、市经济技术开发区三个核心板块
海工准备和高技术船舶产业	海洋工程装备高技术船舶与特种船舶船舶配套	以江都经开区、仪征经开区、广陵经开区为重要载体
食品产业	传统食品、油米水产、饮料制造	以广陵、江都区为主

除此之外，扬州市还打造了以农业、制造业、软件信息服务业为代表的三大创新板块集聚区，未来将围绕三大创新板块制订并组织实施三年行动计划，使三大创新板块进一步成为扬州产业发展和创新资源集聚的示范区、带动区。创新板块集聚区也将进一步强化以企业为主体的意识，提升企业的创新能力，使企业成为转型发展的主力军，不断营造扬州市大众创业、万众创新的浓厚氛围。

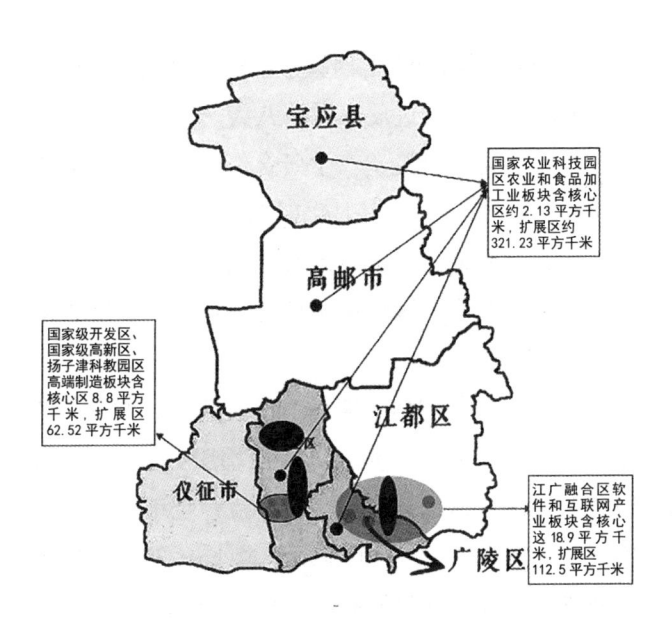

5. 大城市（扬州）双链融合发展的现状、成效、问题与劣势

图 5-7 扬州市主要创新集聚区示意图[①]

围绕各产业集聚区，全市各市/区/县累计开工建设了智谷、信息产业基地等34个、646.43万平方米的科技产业综合体，累计投入资金超过220亿元。全市初步形成了以江广融合区、三湾片区和西区新城片区为主的科技综合体布局。通过重点围绕高校科研院所所在的邗江区、产业基础良好的江—广区开展先行工作，进一步为科创名城建设做好铺垫，为全市其他地区的发展带来强烈的示范效应。

---

① 图中区域仅作示意使用，不一定与实际情况严格一致。

4. 现代服务业做优做强，特色经济亮点纷呈

从目前的双链融合进展来看，八大产业集群中的企业大多数已经开始将自主研发、产学研合作研发等作为提升企业竞争力的重要方式之一。尤其是以新能源汽车、电子信息技术、生物医药等具有未来发展前景的行业为代表，不断致力于研发创新和成果产业化，这也给偏向与产业链中下游的现代服务业的发展带来了重大机遇。

2018 年，以软件和信息服务、旅游等产业为重点发展的现代服务业规模得到进一步提升。净增服务业重点企业 121 家，服务业增加值占比提高 1 个百分点；全市商贸领域实现社会消费品零售总额 1557.03 亿元，增长 9.3%，增幅居全省前列，外贸进出口总额 119.9 亿美元，增长 11.1%；软件和信息服务业实现业务收入增长 30%；金融业增加值增长 4.5%，新增上市、挂牌企业 5 家，直接融资达 200 亿元。旅游业方面，入选全国旅游标准化试点城市，总收入达 900 亿元，新增 3A 级以上景区 8 家。其他如科技服务、健康养老等产业板块加快发展，对全市经济增长贡献不断加大。现代农业实力稳步提升，全市农业增加值 273.34 亿元，建成国家级示范合作社 39 个、省级示范家庭农场 128 个、市级以上现代农业园区 50 个，实现全市农业电商网上销售额达 57.9 亿元。这些都为扬州市特色产业、特色经济的发展奠定了坚实基础，特别是扬州市将软件和信息服务业确立为第一优先鼓励发展的基本产业，加快向第三产业网络化、服务化、体系化和融合化发展的大方向升级。

5. 创新创业活力跃升，行政服务效率不断提高

2016年6月，扬州市成功入选省内首个"国家小微企业创业创新基地城市示范"，开启全力重视以小微企业为核心的创新创业工作新篇章。通过近两年时间的建设，小微企业已逾15.25万户，营业收入增长53.4%、就业人数增长43.09%、技术合同成交额增长793.58%、累计获得授权专利增长327.2%。为了激活企业创新研发，扬州市建立"政税银大数据服务平台"，为小微企业、银行机构搭建了"贷款申请—银行受理并征信—贷款审批发放—财政配套补贴"的一站式融资平台，充分涵盖纯线上快捷融资产品、小微企业贷款风险资金池、天使梦想基金、天使人才专项资金等申请服务。目前，平台注册企业已达6314家，接入金融机构39家，已解决企业融资需求2318项，融资金额达28.84亿元。其中，平均单笔贷款金额99.73万元，平均审批放贷时间仅10天。同时，又探索建设技术产权交易公共服务平台，成功打造了技术产权交易市场，促进整合高校院所科技成果8.5万项、企业技术需求1万多项，进一步在加快创新成果产业化转换上迈开了步伐。

6. 留才政策覆盖全面，高端人才持续增加

人才是创新工作建设的核心支撑，是第一资源，也是第一动力。只有高层次人才引得进、用得好、留得住，才能为扬州市打造"新兴科创名城"提供保障。因而，市委市政府系统出台"十三五"人才发展规划、"人才政策20条"等核心统领文件，配套多项政策，打造"2+N"人才政策体系，覆

盖全市对人才引进培养、作用发挥、资金补助、创业扶持等多方面的问题引导解答。同时，新出台"绿扬金凤计划""英才培育计划""名师工作室"资金补助和金融支持高层次人才创业等实施细则，修改完善高层次人才子女就学保障实施办法，彻底解决人才留扬的后顾之忧。2018年，扬州市新入选国家"千人计划"3人，人数列全省第三；第五期省"333工程"领军人才14人，省双创团队3个，省双创博士39人，省科技副总120人，省科技企业家89人。通过一系列放宽人才准入的政策，实现2018年底入驻各类人才4.5万人，累计引进博士人才361人。2019年，又新入选国家"万人计划"5人、省"双创计划"领军人才33人。同时，全市加强对各企业的创新重视程度，推动企业在重点实验室、科技企业家、高技能人才方面的工作建设。

表5-8 2018年扬州市人才建设情况

类别	数量	全省位次
新入选国家"千人计划"	3	3
省"333工程"领军人才	14	4
省双创团队	3	4
省双创博士	39	3
省科技副总	120	2
入选省科技企业家	89	1

5. 大城市（扬州）双链融合发展的现状、成效、问题与劣势

表 5-9 部分人才／企业指标数据

指标名称	数据类型	2018 年	2019 年
全市人才总量	当年数	85 万人	92 万人
高层次人才占比	当年数	7.6%	7.7%
在校大学生规模	当年数	7.9 万人	8 万人
省部级重点实验室	累计数	35 个	36 个
国家级专精特新民企"小巨人"	累计数	0	3 家
重点培养科技企业家	累计数	200 人	300 人
高技能人才	当年数	24 万人	25 万人
海外离岸创新站点	累计数	0	5 个

7. 多项指标持续增长，创新成效进一步显现

扬州市充分考虑体现创新能力的各项指标，以主要指标为抓手，重点推进研发投入、知识产权保护（专利申请）、产学研合作项目、各研究中心工作站建设、高新技术产业产值等指标的工作建设。预计到 2020 年，城市整体创新效能方面：全市 R&D 投入占地区 GDP 比重 2.6%；大中型工业企业研发投入占主营业务收入比重 2.3%；高新技术产业和战略性新兴产业产值占规模以上工业产值比重 48%、43%，对经济增长的贡献率超过 60%；万人发明专利拥有量达 15 件以上，科技进步贡献率达 65%。科技基础设施和公共服务平台构架方面：规划建设科技产业综合体和众创空间 1000 万平方米，建成孵化器、众创空间 100 家；建设两个达到国家级标准的重点实

验室，10个达到省部级标准的重点实验室。科创人才资源集聚方面：人才总量达100万，高层次人才占人才资源总量的比例达10%，每万名劳动力中研发人员数达100人，全市人力资本总投入占GDP的比重达17%；主要劳动年龄人口受高等教育的比例达25%，在校大学生规模达到10万人，全市具备基本科学素质的人口比例达到14%。科技创新生态方面：全社会形成鼓励创新、宽容失败的文化、法治、金融和市场环境；建成覆盖创新全链条、全过程的科技政策和服务体系，技术合同交易额突破30亿元，科技服务业规模达150亿元，在扬注册的各类创投基金管理规模达600亿元以上。

表5-10 部分创新指标数据对比[①]

创新指标	2019年水平	2020年预期水平
市R&D投入占GDP比重	2.52%	2.6%
规模以上企业产值比重	47%	48%
万人发明专利拥有量	12	4
市人才总量	92万人	100万人
高层次人才占比	7.7%	10%
科技进步贡献率	63%	65%
累计科技产业综合体面积	470万平方米	1000万平方米

---

① 数据来源：扬州市科技局。

5.4 扬州市双链融合发展存在的问题

尽管扬州市通过《扬州市千企创新升级行动计划》《扬州市创新型城市建设推进计划（2013—2015）》《关于加快建设区域产业科技创新中心和创新型城市建设的政策措施》《关于加快推进新兴科创名城建设的工作意见》等一系列前沿的创新发展规划引导全市的创新工作，也通过促进产业集聚区域形成、围绕集聚区打造科创园、综合体等措施来推动产业发展，但由于借助创新链与产业链的融合实现全市经济发展的创新驱动实属一个"大工程"，扬州市在创新力支持、产业链终端部署、地区发展均衡性以及市场活力等方面仍有可进一步提升的空间。

1. 部分产业链条不成体系，难以深入开展双链融合

开展双链融合工作，最基本的条件是要存在相应的产业链与创新链，但囿于产业发展存在结构性失衡，布局缺乏连贯性等基础性问题，部分产业链条几乎没有进行过延伸，不成体系，导致难以深入开展双链融合工作。而现有市场还缺乏一定的平台或机制为本市此类相关产业开展技术需求对接，促成市内企业在产业链条各环节自发合作与集聚协同，也就无余力与区域内如扬州大学等有研究成果的高校开展深入合作。以建材机械行业为例，仅有极个别企业着手打通上下游环节来延伸本行业的产业链，如扬州中材机械通过立式辊磨机向冶金企业延伸。建材机械等行业并不是终端产业，而且全市还存在着环保设备、金属板材加工、工业机器人、新材

料等对机械设备有需求的产业，完全具备在本市内开展技术需求、合作研发等合作事宜的基础和潜力。

此外，有些产业延伸不透彻，没能够尽可能发挥出产业链的效益，自然无法让创新链与之有更多的交集，使得整个双链融合工作停留于表面，比较典型的就是电子信息设备制造业。目前，扬州市的电子信息设备制造业在一些产品上已经开拓出了市场，如无线电子售卡缴费交易系统及其终端、国产龙芯、龙腾系列 CPU 等，也正在与市中心周边的江苏扬州光电科技产业园、江苏扬州邗江数控设备科技产业园内线缆光缆等产业开展合作，发挥集聚与带动效应，深化产业链建设。但由于缺乏有国际影响力的电子装备企业（或研发中心）落户，也没有主动与更高技术水平的产业如信息技术产业对接，无法使用倒逼机制激发自身或联合其他创新机构在一些技术上实现创新突破，抑或创新成果转化，从而导致本行业整体上的技术水平偏低，产业发展无法突破瓶颈走向高端。

2. 创新成果转化效率低，产业链终端市场不全

创新成果转化会决定企业在终端产品市场上能否创造新的需求、能否提升自身竞争力。但目前由于本地市场缺乏相应的平台、资本、市场等要素，且相关科研主体市场意识不强，导致技术成果"束之高阁"的现象普遍存在。以扬州市的半导体产业为例，全市在半导体照明行业形成了规模经济，相对具有较好的产业基础，并且具有外延、芯片及封装等骨干企业，在市经济开发区形成了较为完善的产业链上游市场，在高邮、仪征形成了 LED 灯具等下游应用行业。同时，行业内企业也积极与南京大学、中科院半导体所、上海空间电源

研究所等单位开展了产学研合作,行业内企业的研发投入总量超过了 2 亿元。目前,在 4 英寸及 6 英寸 GaN 外延生产、高压芯片白光生产应用、LED-物联网技术的智慧照明系统应用等方面已经有了不少的研发,却还没有切实的产业成果转化,这直接影响着本行业技术迈向高端、占据未来的前沿市场。

当下,扬州市的科技进步贡献率已经突破 60%,足以表明创新技术的研发与应用所带来的驱动力量是极其强大的。而根据张明喜[1]等学者的研究,江苏省的科技成果转化综合效率约为 1.487,进一步结合扬州在全省的情况可以初步判断其科技成果转化综合效率在 1.1—1.2,即 1 份投入能够实现 1.1—1.2 份产出,仍处于较低投入产出水平。因此,无论是从双链融合去补链固链的角度,还是从新兴科创新城建设的角度来看,扬州市存在着深入推动科技创新成果向市场应用转化的潜力与动力。

3. 双链融合的区域发展不均衡

为了加快推进企业与高校科研院所的对接,政府部门多会在产业发展基础较好的区域布局设立新的研发机构、实验中心,或者在高校科研院所集中的区域打造相应的工业科技园区、孵化园,一方面方便形成集聚效应,另一方面也有助于减少不同主体之间的合作成本。扬州市的高校与科研院所普遍集中在以市政府为核心的邗江区、江都区、

---

[1] 张明喜,郭戎. 从科技成果转化率到转化效率——指标体系设计与实证分析 [J]. 软科学,2013,27(12)。

邗江区以及与二者均接壤的广陵区现已分布了超过 80% 的产业综合体、科技园（参看图 4-1，4-2），整个东南地区在布局上能够自发或半自发地形成一个围绕产业链主体与创新链主体的"半小时融合圈"。而包含仪征、高邮和宝应在内的西北地区，占全市面积比重的 65%，但在科研机构、高端产业集聚等方面就略显不足，导致了区域双链融合发展布局不均衡的问题。

4. 创新链与产业链融合活力不足，缺乏主动性

目前，无论是汽车产业链上的材料、装备制造，还是电子信息产业链上的元器件技术研发生产、终端 IOT 应用布局，扬州市距离产业链技术创新的核心还比较远，仍处于被动追赶的地步。以新材料行业为例，其具体可划分为新能源材料、新型运输交通材料、电子信息材料、生物医用材料、新型化工材料和节能环保材料等六个方向，可以成为几乎所有新兴产业的上游。如若布局完善、引导合理，加大自主创新研发与产学研合作，可以极大地提升战略性制造业发展的起点，使产业链条"强壮"。但从目前掌握的情况来看，核心技术少、产业化转化率低、成套设备引进偏多、创新人才不足、产学研合作需求针对性差等问题普遍存在于新材料行业，这也就制约了对新材料有依赖性的下游行业的发展。企业与高校院所之间的供需对接不匹配、行业间对前沿技术的信息传导机制不完善、市场成果价值导向机制不明显等等，都亟待解决，为产业链和创新链的融合建立良好的源头示范。

5.5 扬州创新经济的具体劣势

具体来看，扬州发展创新经济，做到产业链和创新链的双链融合存在以下几个劣势。

1. 房价太高

为有效观察扬州的房价情况，建立表5-11。

表5-11 2018年江苏省主要城市人均GDP、人均收入及房价比一览表

城市	人均GDP（万元/年）		人均可支配收入（元/年）		房价（元/m²）		房价/人均GDP		房价/人均收入（年/m²）	
	数据	排名	数据	排名	数据	排名	数据	排名	数据	排名
苏州	17.4	2	55476	1	16943	2	0.10	9	0.31	9
南京	15.4	3	52961	2	27568	1	0.18	1	0.52	1
无锡	17.5	1	50373	3	11030	6	0.06	13	0.22	13
南通	11.5	7	37071	6	11772	5	0.10	8	0.32	6
常州	14.9	4	45933	4	13426	3	0.09	11	0.29	11
徐州	7.7	9	27385	11	10132	8	0.13	4	0.37	2
盐城	7.6	10	29488	9	9349	10	0.12	5	0.32	7
扬州	12.1	6	34076	8	12480	4	0.10	7	0.37	3
泰州	11	8	34642	7	10258	7	0.09	10	0.30	10
镇江	12.7	5	40883	5	9700	9	0.08	12	0.24	12
淮安	7.3	11	27696	10	8582	11	0.12	6	0.31	8
连云	6.1	12	25864	12	8510	12	0.14	2	0.33	5
宿迁	5.6	13	22918	13	7698	13	0.14	3	0.34	4

通过对江苏省 13 个地级市的人均 GDP、人均收入跟各地房价建立两个统计分析指标，房价 GDP 比和房价收入比，可以清晰地看见，扬州的人均 GDP 在全省 13 个地级市中排第六名，人均收入却排在第八名，收入增长落后于 GDP 增长。再结合房价来考察，2018 年末，扬州的房价收入比居然是全省第三名，仅次于南京、徐州。很显然，扬州房价明显相对高于全省房价，远超过扬州人均可支配收入的实际状况。而 2019 年前 11 个月，包括徐州在内的全省 13 个城市中绝大多数的房价都在回落，仅扬州、南通、南京、常州等少数城市还在继续大幅上涨，这将会进一步推高扬州的房价收入比以及该指标在全省的排名。

相对于人均收入来说，扬州的房价太高了。这种高房价会形成对实际收入的抵消，降低实际幸福指数，必然会对长三角地区各种人才流入产生较大负面影响，也会对扬州的相关创新研发机构的设立甚至是产业投资产生较大的负面影响。

2. 顶端科技领军型人才稀缺

一个城市的创新指数，看这个城市拥有的科技型高校数量就能知道。北上广深宁杭武汉成渝等城市拥有着全国基础最为扎实的科技院校，每年都能为地方培养大量科技人才，直接源源不断地提供着创新的动力。反观扬州，在 20 世纪八九十年代，扬州市是仅次于南京的江苏省高教城市，拥有着数量排名第二的高校数量。但扬州的高校战略从 20 世纪 90 年代后就一直处于收缩状态，目前严格来说仅有扬州大学、扬州科技学院（筹）两所正宗一点的公办科技院校，为扬州提供本专科层次的科技人才。在高层次科技人才上面，由于

5. 大城市（扬州）双链融合发展的现状、成效、问题与劣势

扬州没有一所 211、985 层次的工科院校，扬州大学也属于综合性高校，这就导致扬州科技型高层次创新性人才奇缺。根据扬州市人才办提供的数据，扬州的博士以上人才比排在全省第七，2018 年 985/211 毕业生来扬就业 1236 人，工科仅 472 人，而南京、苏州等城市每年吸纳的工科 985/211 毕业生都在万人规模以上。另外，在南京工作的两院院士有 82 人，而在扬州工作的院士才 3 人，差距明显。在这种人才贫瘠的基础之上建设创新型城市，难度可见。

3. 驻扬高水平科研院所太少

驻扬的科研院所等就是高端人才的吸纳容器。世界创新型城市都驻有世界级的研发中心。国内创新指数较高的城市也都驻有大量的科研院所高校等研发机构。就扬州来看，高校数量少，部所也就一个 723 所，省所有四家，世界五百强研发中心一个没有，中国工业五百强的研发中心也一个没有。当然了，这几年随着科创名城战略布局的推进，扬州已经开始引进诸如沈飞研究院、西安交大产研中心、东南大学扬州研究院、南大化学化工研究院、清华大学启迪科技园等研究机构。但总体来说，科研院所引进力度距离科创名城要求的差距还很大。这是一个筑巢引凤的工程，这个"有巢"的数量和质量直接决定着引来的"凤凰"的多寡。

4. 扬州高校布局对扬州的"科创名城"建设保障力不足

扬州的高校现状对扬州发展"科创名城"支持严重不足。

目前扬州没有一所 985、211 高校，驻扬本科高校仅有一所综合性的扬州大学以及扬州大学下辖的独立学院广陵学院。扬州大学和广陵学院目前办学具有高度同质性，广陵学院的

办学师资基本来自扬州大学，这两所学校可以看作一所学校。扬州大学不是传统意义上的工科高校，其办学相对有竞争力的是生命科学、农学和化学专业。偏偏这些专业对应着的产业又不是扬州的重点发展产业，甚至也不是扬州的科创产业。也就是说，扬州本地高校具有研发竞争力的专业都是在帮其他城市和地区培养最高端的人才。

除扬州大学之外，驻扬高校就是三所高职院校（扬州职业大学、扬州工业职业技术学院、江苏旅游职业技术学院）了。这三所职业院校的科技含量并不突出，扬州职大是一所大而全的综合高职，优势学科是医学护理，很显然科技不彰、创新不足；江苏旅游是一所旅游高职，跟科技创新基本没有关联；扬州工业职业技术学院传承于原扬州化校，主打学科是化工，对扬州的科创产业也没有什么作用。扬州这种高校布局以及办学现状，对扬州的高技术产业工人队伍、扬州高科技产业发展、扬州科创名城战略等都是一个较大的制约。

科创竞争，直接源自科创大学教育的竞争。不想办出具有本地特点的一流大学、一流学科，不想立足于培养适合本地产业特点的一流人才，谈科创立足，很显然难度极大。总想着别的城市帮自己培养顶端人才，除非你这座城市能够提供顶级创新人才无法拒绝的诱惑，如上海、深圳、纽约、伦敦那样自由的氛围、优美的环境、优越的薪资等。

6. 大城市（扬州）双链融合发展的总体思路与具体举措

从前面的分析中可以看出，扬州市推动创新链与产业链融合发展的建设成效并不突出，也不平衡。这种发展局面主要包含三种形态：一是融合发展的前期。众多主导和优势产业内，虽整体发展相对较快，但结构性失衡、布局缺乏连贯性，难以促成产业链条内部的延伸合作、外部的集聚协同，以及达成与创新链融合发展的基础条件；二是在中期，产业链和创新链各自在融合发展的关键环节上缺乏足够的支撑条件，如科研成果转化的平台服务参差不齐、研发链和政策链的辅助工作不到位；三是后期的均衡发展上，政府规划布局、市场杠杆机制以及要素配套需加快协同创新。

基于扬州市推动创新链与产业链融合发展的现状、存在的问题，借鉴其他地方在产业和创新有机融合互动上的经验，扬州市推动创新链与产业链融合发展的总体思路应做出相应调整。

6.1 总体思路

6.1.1 指导思想

全面贯彻党的十九大精神，以习近平新时代中国特色社会主义思想为指导，认真学习习近平总书记在十二届全国人大一次会议江苏代表团参加审议时和在江苏视察时的重要讲话精神，牢固树立并贯彻落实创新、协调、绿色、开放、共享的新发展理念，切实深入实施创新驱动发展战略，加快供给侧结构性改革，认真贯彻落实国家、省、市各部委关于创新链与产业链的系列战略部署和决策精神，推进扬州产业体系创新化、创新成果产业化、融合发展一体化和现代化。围绕扬州打造成为国家历史文化名城、长江经济带和淮河生态经济带重要组成部分、长三角核心区北翼中心城市等战略，加强顶层设计和规划指引，落实"规划带项目，项目促融合"，形成创新链与产业链精准对接、双向互动的良好发展格局，推动扬州经济和社会的高质量、效益型发展。

6.1.2 基本任务

坚持"政府引导、企业（机构）主导、系统性融合、市场化运作"发展模式实践，以企业内生产实际需求和技术创新发展为引导，精准对接产业中各企业（机构）的创新供给与创新需求；以科技创新引领现代化产业体系建设为中心，调整产业结构，创新性补足可持续发展后劲；以扶持对口扬州实际的高新技术产业和代表性龙头企业发展、培育创新性资源和成果为方向，充分激发社会各类主体参与融合发展活动的积极性，使科技创新成果更多地转化为现实生产力；以主导和优势产业、战略性新兴产业为抓手，体制机制等要素创新配套为保障，建立起立足扬州，面向全省、淮河生态经济带以及长江经济带的深度融合业态，竞相打造区域内如经开区等各具融合发展特色的经济板块，强化双链内"支撑、

6. 大城市（扬州）双链融合发展的总体思路与具体举措

协同"作用、区域内"示范、带动"作用及地域间"引领、辐射"作用。

6.1.3 基本原则

坚持高点定位。扬州的双链融合战略整体上是扬州科创名城战略的一部分，要服务于扬州的科创名城建设。相关设计要以长远战略定位谋划新兴科创名城建设，自觉融入国家和江苏省创新发展大局，对标国内外一流的科创名城，以高质量标准和系统性思维谋划推动科技创新、产业转型、基础设施和公共服务建设，整体提升城市创新发展能级、特色竞争力和综合承载力。

坚持全局统筹。加强统筹谋划，紧紧围绕扬州市城市总体规格定位、经济和社会发展的大局，把握好创新链与产业链深度融合的总体发展方向，围绕扬州市城市发展的总体定位和核心战略，遴选一批对全市经济和社会发展具有重大引领作用的优质融合项目，以创新链与产业链融合的实施要点和模式促进城市总体的转型升级、提质扩容，在调产业结构、强创新动力、稳经济增长、惠社会民生中发挥出重要作用。

坚持创新驱动。立足全市的原始创新、高端创新和协同创新，围绕区域经济创新性发展的内生要求，创造性地推进全市融合发展资源的跨领域、跨部门、跨行业和跨区域整合，打造创新引领的强大合力。依托扬州大学、扬州职大等丰富的高校院所创新资源，以原始创新强化创新链内融合动力；聚焦建材机械等主导产业和新能源新材料等战略性新兴产业，以前沿性高端创新提升创新链内融合高度；加强八大产业集群协同创新及邗江区和广陵区等地的产业综合体、科技园合作交流，以协同创新激活融合发展的整体活力。

坚持示范引领。引导市、县各类社会主体积极参与创新链与产业链融合发展，且自觉规范其行为，鼓励代表性龙头企业或是资深科研院所利用规模效应和新技术新业态，打造双链融合发展的示范平台、试点基地以及微观层面的机制和模式，率先形成在延链、建链、强链、补链及固链等链条融合的关键环节和缺失环节有所贡献，对打造完善全市各行业创新链和产业链产生明显带动作用，继而辐射至产业园区和共建园区等开发性区域，促进全市现代化产业体系和创新性资源、成果的生态化，并不断向高端攀升。

坚持运营导向。强调政府引导和市场运作共同作用，拿捏好政府部门参与双链融合进程的角色和职责，在财政支持和政策扶持等工作内容中强化服务意识，避免过多干预市场，充分体现放管服，激发市场主体地位，在不断降低政府投入的同时，以激励约束机制推动产学研合作的载体建设，提升社会资本参与双链融合发展的运营效率，帮助双链融合发展的成效由市场个体向城市建设散射。

坚持要素保障。充分认识双链融合发展的重要性和局限性，以及在市域范围内重点融合项目和个性融合项目的必要性和可行性，针对其在创新链与产业链融合发展的不同产业、不同环节、不同融合阶段的企业和机构，根据不同需要和特点在政策等要素资源的倾斜上坚持重点有别、精准投入，实现个性化支持，并将绩效管理的理念和方法贯穿融合发展全过程，健全完善绩效考核评价机制，提高要素配套的精准度和效率，切实均衡和高效地推动劳动力、土地、资本等要素配套支持双链融合发展。

坚持科技带动。扬州的双链融合务必突出以科技创新带动全面创新，推动创新链、产业链、价值链有机融合，加快建立健全覆盖应用基础研究、科技成果转化和产业转型升级各环节的科技创新体系，推动科技与经济社会发展的深度融合，促进科技创新和体制机制改革、现代治理体系构建的互动并进，成为引领高质量发展主动能。

坚持人才支撑。扬州必须坚持把人才作为双链融合推动建设新兴科创名城的第一资源，把人才资源开发放在双链融合最优先的位置，聚天下英才而用之。建立健全人才招引、培养、使用、激励、竞争体制机制，全面构建以人为核心的创新要素配置体系，努力建设一支规模庞大、结构合理、素质优良的创新人才队伍，充分激发各类人才的创新活力和潜能。

6.1.4 发展目标

通过建设一批具有区域影响力的产业集群，培育一批利用双链融合成效引领上下游、树立产业示范标杆的领军企业，吸引一批推进创新链条上创新资源研发和滚动聚合的创新平台和人才进驻扬州，完善一批增强双链融合功能和质量的要素配套措施，优化扬州市产业布局、提升产业集群规模和集群效应，将扬州建设成为优势产业聚集区、复合型创新中心及明显融合特色示范基地。

——优势产业聚集聚变效应凸显。围绕省重点培育的13个先进制造业集群，以现已布局明确的八大产业集群发展方向为基础,进行产业发展的结构性、连贯性研究工作,力求在化工、环保、电子信息等行业比较健全的产业链条上延长和加固,并开拓和突破至补足产业链短板和带动其他发展缓慢产业。到"十四五"时期,培育市级以上产业链内具有核心竞争力的代表性高新技术产业领军企业1100家,全市规模以上企业完成总产值年均增速达10%,高新技术产业产值占规模以上工业产值比重提升至60%,在核心影响力的千亿元级、发展带动力强的五百亿元级以及高成长空间的百亿元级和十亿元级产业集群上,扩大建成布局定位清晰、集聚效应和辐射带动能力强劲的优势产业聚集区。

——区域创新能力显著增强。紧密围绕新兴科创名城建设,重点打造江广融合区软件和互联网产业等三大创新板块,加快"新产业、新人才、新城市"的创新扬州样板区建设。在全市创新资源逐渐形成聚拢时,辅以推动重点实验室、科技企业家、高技能人才等优势资源进驻、扎根扬州,整合创新资源优势转化为产业创新发展力量。到"十四五"时期,全市范围内R&D投入占地区GDP比重达3.0%,发明专利授权量年均增速达到15%左右,新建设和引进重点实验室15个,高层次人才在人力资源总量占比超10%,逐渐形成在全市主导、优势产业和战略性新兴产业等重点领域取得关键技术突破、重大科技成果,提升原始、高端和协同创新消化吸收再创新的能力。

——融合发展的活力和后劲持续迸发。深耕细作产学研合作模式,引进来和走出去结合,加大"科教合作新长征"行动和"科技产业合作远征"开展深度,在已形成一定融合

6. 大城市（扬州）双链融合发展的总体思路与具体举措

发展优势的领域内实现基于扬州产业、创新发展实际的供给和需求精准对接，积极寻求产业链关键环节和企业内薄弱技术需求的对外合作项目洽谈、科技创新平台搭建。到"十四五"时期，扩大"10+2"产学研合作模式的相关学科范畴，在稳固与全国排名前十位理工科院校以及中科院、中关村两大创新高地合作关系的同时，扩展环保设备、新材料以及农药产业等主要领域内的校企项目融合；全市达成产学研合作项目超 3500 项，大院大所研创中心 100 家，产业联盟超 1200 个，完善全市科技成果转化平台建设，线上线下相融合打通创新链到产业链，在产业链内技术创新、组织架构、管理模式实现创新资源的协同整合，深层次保障扬州市创新链与产业链融合发展的活力和后劲，推进国家小微企业"双创示范"扬州样本进阶为双链融合特色示范基地。

6.2 具体举措

目前是扬州新兴科创名城建设的起步阶段。扬州一定要紧扣高质量发展要求，围绕提升经济竞争力的核心关键和社会发展的紧迫需求，聚焦新兴科创名城定位，突出城市特色优势，狠抓关键环节提升，强化重点领域突破，推动扬州高质量发展，强基础、补短板、树标志、创特色。

1. 加快培育创新型优势产业集群

（1）做大科技创新产业规模。大力发展软件与互联网产业，做大"一基地三板块"，持续推进新兴软件和互联网名城建设。

（2）做强战略性新兴产业。大力推进"5+3"战略性新兴产业发展，持续做强微电子、半导体照明、太阳能光伏、生物医药等优势产业，大幅提升产业科技含量和发展质量，促进产业规模显著扩大、技术水平显著提升、产业支撑体系显著完善，形成布局合理、集聚集群发展的战略性新兴产业发展体系。精耕细作高档数控机床、节能与新能源汽车、机器人、MEMS（微机电）、通信设备、精密仪器等重点领域，围绕产业链，打造创新链，部署服务链，每年重点组织实施100项产业关键共性技术攻关项目和100项重大科技成果转化项目。

（3）做新传统特色产业。加快运用高新技术改造传统产业步伐，通过技术、品牌、管理和商业模式的创新，延伸拉长食品产业链并提升品牌价值，不断提升高技术化学品船和大型集装箱船制造水平，大力推进石化产业绿色化、服装产业品牌化，积极推动旅游日化、毛绒玩具、灯具等产业借助互联网平台创新发展。以智能制造为主攻方向，深入推进"双链融合"，大力引导企业将智能控制系统、传感器、嵌入式终端应用于生产制造过程，推动制造业服务化与生产性服务业有机结合。

2. 着力抓好科技创新载体建设

（1）做强做优三大创新板块。江广融合区板块重点聚焦软件和互联网产业，加快推进江苏信息服务产业基地、扬州软件园、青谷里创客街区等载体建设，致力打造成"新产业、新人才、新城市"互动并进的样板区；扬子津科教园区板块重点聚焦高端装备制造业，整合国家级开发区、高新区资源，

6.大城市(扬州)双链融合发展的总体思路与具体举措

致力打造成"扬州智造"的示范区;国家农业科技园区板块重点聚焦现代农业和食品加工业,重点推进扬大科教示范园、中法共建种猪示范基地建设,致力打造成国内领先、国际一流的现代农业科技园区。

(2)持续提升科技产业综合体水平。按照"公园+"发展模式,着力建设一批"城市公园+科技综合体+人才公寓"的城市创新组团,打造现代化都市地标,市区以三湾片区、"三河六岸"区域、广陵新城和高铁站周边地区为重点,规划建设邗江科技产业园、扬子津科教园、智谷、七里河公园、广陵新城、高铁站、生态科技新城、江都区三河六岸等8个科技产业综合体;宝应、高邮、仪征以城市新区为重点,分别规划建设一个科技产业综合体。对标国内一流总部经济楼宇、智力产业基地、创新创业载体,着力提升科技产业综合体运营质态、孵化效率和产出水平。积极推进与深圳科技园、上海金桥开发区、清华启迪、北大科创园等国内著名园区的合作,推动科技产业综合体的专业化、精准化、国际化运营,加快将科技产业综合体打造成集聚知识型高端产业、高端技术、高端服务、高端人才的创新发展先行区。

(3)加快布局高水平实验室建设。坚持培育、提升、招引建设相结合,着力打造一批契合产业转型升级需要、抢占科技前沿阵地的高水平实验室。依托驻扬高校院所重点学科和骨干企业,着力培育建设市级实验室。重点支持扬州大学、扬州职业大学等地方院校围绕地方产业创新,规划建设一批理工科类高水平实验室;推进全市高新技术企业、开票销售10亿元以上骨干企业、科技创新类上市公司和上市后备企业、专精特新型企业加强企业实验室建设，提升自主创新能力和水平。大力推动现有实验室提质达标，加快人才引进和培养，加强公共实验研究平台能力建设和管理水平提升。大力招引大院大所来扬创办实验室，招引国家重点实验室来扬设立分实验室，招引院士、长江学者、千人专家、国家杰出青年基金获得者等学科领军人物领衔的创新团队来扬创办实验室，重点建设 MEMS（微机电）、机器人、江豚保护、生猪产业等一批高水平实验室。在扬州国家高新区规划 1 平方千米的科研用地，重点打造实验室集聚区，推动实验室为主的研发产业向科技产业综合体集聚。制定出台加快实验室建设的政策措施，积极探索完善实验室运行机制和投入机制。

（4）全力提升园区项目承载能力。结合城市总体规划修编，对全市各类园区的发展定位、产业特色、建设规模和空间布局进行系统研究，为城市产业发展和新兴科创名城建设奠定坚实基础。持续提升扬州国家高新区和高邮、杭集省级高新区发展水平，加快宝应安宜、江都仙城工业园创建省级高新区步伐，着力构建"1+2+N"高新园区体系。加快经济技术开发区转型升级步伐，提升产业层次和技术水平，提升主导产业和龙头企业核心竞争力。加强园区服务功能建设，进一步增强政务、商务、财务、法务等综合服务能力，建立健全融资担保、股权投资等金融服务体系。完善园区发展绩效考核，探索推进园区公共服务平台建设，提供一站式、集成化服务，切实提高土地产出率、资源循环利用率、智能制造普及率，着力打造特色产业集群，加快推进园区集约发展、创新发展、绿色发展。

3. 加快构建"双创"人才高地

（1）着力抓好创新人才队伍建设。以落实好"人才政策20条"为抓手，加大高层次创新创业人才招才引智力度，引进一批学科行业内顶尖、契合扬州发展方向的人才和团队，加快集聚、培育和使用一批"高精尖缺"人才。实施青年企业家发展领航计划，培养一批具有全球战略眼光、管理创新能力和社会责任感的本土企业家人才。加快培养投身扬州产业发展一线和经典工艺传承的实用人才、专业技能人才"扬家匠"队伍。

（2）全面推进"大学生城"建设。加快建设扬子津科教园区，支持扬州大学一流学科和高水平研究型大学建设，推动扬州大学科技园创成国家大学科技园。招引国内知名高校、重点院所来扬，围绕我市机械装备、汽车及零部件、软件与互联网等基本产业开展合作办学。以更加开明的政策吸引大学生来扬、回扬、留扬、就业、创业、置业。推进大学生实习实训基地建设，力争每年1万名以上大学生来扬实习实训。

（3）加快建设教育名城。大力发展高等职业教育，提升扬州科技学院、江海职业技术学院办学水平，充分发挥扬州大学广陵学院、扬州工业职业技术学院、江苏旅游职业学院的作用，推进产教融合、校企合作，促进应用型高等教育加快发展。

4. 加速提升企业创新能力

（1）大力培育创新型企业。实施创新型企业培育"1121"行动计划，到2020年培育技术品牌全国领先、拥有行业"单打冠军"实力的创新型领军企业100家，拥有10件以上发明专利的知识产权优势企业 200 家，国家高新技术企业和国家科技型中小企业各 1000 家，力争产生一批创新能力强、成长速度快、具有国内外行业竞争优势的"瞪羚"企业和独角兽企业。聚焦科技型产业，加快实施企业上市挂牌三年行动计划，加强后备企业培育和分类指导；鼓励引导已上市挂牌公司开展融资、并购、重组；鼓励科技型企业在多层次资本市场直接融资。搭建私募股权机构与中小微科创企业信息对接和撮合平台，更大力度推动创投机构、基金投向早期科创项目。

（2）着力增强企业自主创新能力。引导企业加大研发投入，健全产学研合作机制，引进国内外先进技术，开展关键技术攻关，开发高新技术产品，参与国家和省重大科技创新专项。鼓励企业组建各类研发机构，加强研发能力建设，推动大中型企业和规模以上高新技术企业研发机构实现全覆盖。加大对中小企业与初创企业的扶持力度，在全面落实国家研发费用加计扣除政策的基础上，对获得省级研发费用资助的企业实行配套支持，每年对研发投入前十的企业予以奖励。强化新技术新产品"首购首用"等政策支持，助力企业开展技术研发和产品推广。以技术创新引领企业管理创新、机制创新和模式创新。

（3）搭建技术创新公共服务平台。加快推进市产业技术研究院建设，瞄准智能制造、健康医疗、食品安全及军民融合等领域，加快专业技术研究所建设，围绕产业基础技术、共性技术和前瞻技术开展研究开发和专业技术服务。同时，加快技术交易市场建设，提升高新技术展示交易、大型仪器

6.大城市(扬州)双链融合发展的总体思路与具体举措

共享等服务平台,主动对接承接最新、最实用的创新资源和创新成果。

5.强化开放融合创新发展

(1)深入推进与大院大所合作。全面实施"名校名院名所"建设工程,推动"双一流"院校在扬设立研究院、技术转移中心和研究生培养基地,支持国际知名高校在扬设立特色学院、创新中心和人才基地。大力推动清华大学 MEMS 产业研究院、扬州微电子产业园、启迪科技城、哈工大机器人研究院、北大科创园、西安交大科技园、南大光电研究院、南大化工研究院、东南大学研究院等提升建设水平,加快引进和建设一批功能定位明晰、现代管理制度健全、符合市场需求的新型研发机构。每年组织企业拜访高校和科研院所,签订产学研合作协议。

(2)积极融入长三角创新板块。抢抓长三角一体化和宁镇扬一体化战略机遇,围绕基础设施互联互通、产业转型转移、开发园区共建、产学研合作、跨区域公共服务体系建设等重要领域、重点环节,对接上海具有全球影响力的科创中心、苏南国家自主创新示范区和南京创新名城建设,强化区域协同创新体系构建,大力推进产业高端化、集群化和国际化。积极承办跨地区、跨领域的全国性、国际性创新创业活动,打造一批体现扬州特色的科技创新名展名会,不断提升新兴科创名城的美誉度和影响力。

(3)集聚全球高端创新资源。持续开展"科技产业合作远征计划",充分利用全球科技资源,组织企业赴境外拜访相关高校科研机构和知名企业,邀请境外知名高校科研机构和企业来扬,争取建设国际科技合作示范基地。鼓励企业牵头或参与建立国际技术创新联盟、起草国际技术标准,支持企业"走出去"合资、并购、参股国际研发企业,设立海外研发中心和产业化基地,吸纳利用国外先进科技成果和优秀人才,引进海外高端人才。

7. 大城市（扬州）推动双链融合发展的实施路径

结合双链融合发展的思路与举措，立足扬州的实际，未来进一步推动实施融合工作仍需要围绕五个方向展开，其一是向细化供需链的方向开展综合性布局；其二是针对九大产业的个性化要素供给；其三是已存在资源的高效配置与优化；其四是有机整合模块化的融合管理工作；其五是健全融合工作的综合考察评价体系。

7.1 实施创新驱动的路径

7.1.1 迈克尔·波特

迈克尔·波特（Michael E.Porter，1947— ），他是哈佛商学院的大学教授（大学教授，University Professor，是哈佛大学的最高荣誉，迈克尔·波特是该校历史上第四位获得此项殊荣的教授）。迈克尔·波特在世界管理思想界可谓是"活着的传奇"，他是当今全球第一战略权威，是商业管理界公认的"竞争战略之父"，在2005年世界管理思想家50强排行榜上位居第一。

波特曾在1983年被任命为美国总统里根的产业竞争委员会主席，开创了企业竞争战略理论并引发了美国乃至世界的竞争力讨论。他先后获得过大卫·威尔兹经济学奖、亚当·斯密奖，五次获得麦肯锡奖，拥有很多大学的名誉博士学位。到现在为止，迈克尔·波特已有十四本著作，其中最有影响的有《品牌间选择、战略及双边市场力量》（1976）、《竞争战略》（1980）、《竞争优势》（1985）、《国家竞争力》（1990）等。

迈克尔·波特32岁即获哈佛商学院终身教授之职，是当今世界上竞争战略和竞争力方面公认的第一权威。他毕业于普林斯顿大学，后获哈佛大学商学院企业经济学博士学位。目前，他拥有瑞典、荷兰、法国等国大学的名誉博士学位。

迈克尔·波特获得的崇高地位缘于他所提出的"五种竞争力量"和"三种竞争战略"的理论观点。作为国际商学领域最备受推崇的大师之一，迈克尔·波特至今已出版和发表了17本书及70多篇文章。其中，《竞争战略》一书已经再版了53次，并被译为17种文字；另一本著作《竞争优势》，至今也已再版32次。

迈克尔·波特对于竞争战略理论做出了非常重要的贡献，"五种竞争力量"——分析产业环境的结构化方法就是他的杰出思想；他更具影响力的贡献是在《竞争战略》一书中明确提出了三种通用战略。

迈克尔·波特认为，在与五种竞争力量的抗争中，蕴含着三类成功型战略思想，这三种思想是：1.总成本领先战略；2.差异化战略；3.专一化战略。迈克尔·波特认为，这些战略类型的目标是使企业的经营在产业竞争中高人一等：在一些产业中，这意味着企业可取得较高的收益；而在另外一些产业中，一种战略的成功可能只是企业在绝对意义上能获取些微收益的必要条件。有时企业追逐的基本目标可能不止一个,但迈克尔·波特认为这种情况实现的可能性是很小的。因为贯彻任何一种战略,通常都需要全力以赴,并且要有一个支持这一战略的组织安排(波特在这方面的思想与小钱得勒是一致的)。如果企业的基本目标不止一个,则这些方面的资源将被分散。

波特出生于密歇根州的大学城——安娜堡,父亲是位军官。波特在普林斯顿时学的是机械和航空工程,随后转向商业,获哈佛大学的 MBA 及经济学博士学位,并获得斯德哥尔摩经济学院等著名大学的荣誉博士学位。

波特的竞争系列著作是商业管理界经典中的经典,但是,这位伟大的思想家曾经说过他是不可能写出管理类的畅销书的,因为他的书非常"沉重",而事实上,他的著作风靡全球。但正如一些学者所说的,这些经典著作绝不是可以躺在沙发上喝着咖啡就可以读的,而是需要静下来,在书桌上一点一滴、逐行逐字地去研读和体会。波特获得过无数奖项,他因对工业组织的研究而荣获哈佛大学的"大卫·威尔兹经济学奖";波特在《哈佛商业评论》上发表的论文,已经 5 度获得"麦肯锡奖";1990 年,他的著作《国家竞争优势》(The Competitive Advantage of Nations, 1990)一书被美国《商业周刊》选为年度最佳商业书籍;1991 年,美国市场协会给波特颁发"市场战略奖";1993 年,波特被推选为杰出的商业战略教育家;1997 年,美国国家经济学人协会授予波特"亚当·斯密奖",以表彰他在经济学领域所取得的卓越成就。此外,波特还获得了"格雷厄姆-都德奖""查尔斯·库利奇·巴凌奖"

等众多奖项。

迈克尔·波特不仅在学术界和商业界获奖无数，他甚至还获得过公民勋章，这一褒奖通常授予战斗英雄或者是异常杰出的运动员。波特曾多年活跃于美军后备队，年轻时是高校里颇负盛名的橄榄球、棒球及高尔夫球队员。

迈克尔·波特对竞争情有独钟，他的第一部广为流传的著作是 1980 年出版的《竞争战略》（Competitive Strategy Techniques for Analyzing Industries and Competitors），这本书如今已再版 63 次，它改变了 CEO 的战略思维。他在书中总结出了五种竞争力，它们分别是行业中现有对手之间的竞争和紧张状态、来自市场中新生力量的威胁、替代的商品或服务、供应商的还价能力以及消费者的还价能力，这就是著名的"五力模型"。在激烈的商业竞争之中，只有灵活运用战略才能胜出，因此，波特为商界人士提供了三种卓有成效的战略，它们是成本优势战略、差异化战略和缝隙市场战略。公司应视具体情况和自身特点来选择战略方针，同时还应该考虑连接产品或者供给的系列通道，波特首次将这种通道称为价值链，他在每一条价值链上区分出内部后勤、生产或供给、外部物流及配送、市场营销及售后服务等五种主要的活动，而每一项活动都伴随着各自的派生活动，每一家公司的价值链相应地融入一个更为广阔的价值体系。

波特继而将研究方向从企业之间的竞争转为国家之间的竞争，在《国家竞争优势》一书中，他分析了国家为何有贫富之分，一个重要的因素就是国家的价值体系，他把这种价值体系形象地称为"钻石体系"。

波特对民族经济的研究十分广泛，虽然并不总是很受欢迎。他在《日本还有竞争力吗？》(Can Japan Compete? 2000) 一书中指出，日本经济的长期低迷是政府战后政策不可避免的结果。波特坦言自己对中国并不十分了解，但他以学者的敏锐和诚恳一针见血地指出了中国经济的弊端，在红塔集团"2004年迈克尔·波特战略论坛"上，波特列举了中国经济将要面临的种种挑战，在肯定中国经济发展总体趋势的前提下，主张发挥竞争优势，融入国际贸易体制。

波特对美国内地城市的关注成为他竞争力研究的最新方向，他声称，相对于重新分配财富，创造财富是消灭贫困与不平等的更有效的良药。

在美国东海岸，一个又一个的研究中心标志着波特在学术上的扩张，全职的研究人员在这些中心里经手着应接不暇的项目，从竞争力研究，到内地城市的发展，这一切满足着他那颗学者的心灵。

总成本领先战略

成本领先要求坚决地建立起高效规模的生产设施，在经验的基础上全力以赴降低成本，抓紧成本与管理费用的控制，以及最大限度地减少研究开发、服务、推销、广告等方面的成本费用。

为了达到这些目标，就要在管理方面对成本给予高度的重视。尽管质量、服务以及其他方面也不容忽视，但贯穿于整个战略之中的是使成本低于竞争对手。该公司成本较低，意味着当别的公司在竞争过程中已失去利润时，这个公司依然可以获得利润。

赢得总成本最低的有利地位通常要求具备较高的相对市场份额或其他优势，诸如与原材料供应方面的良好联系等，或许也可能要求产品的设计要便于制造生产，易于保持一个较宽的相关产品线以分散固定成本，以及为建立起批量而对所有主要顾客群进行服务。

总成本领先地位非常吸引人。一旦公司赢得了这样的地位，所获得的较高的边际利润又可以重新对新设备、现代设施进行投资以维护成本上的领先地位，而这种再投资往往是保持低成本状态的先决条件。

7.1.2 波特创新驱动理论

创新驱动是指推动经济增长的动力和引擎，从主要依靠技术的学习和模仿，转向主要依靠自主设计、研发和发明，以及知识的生产和创造。

1. 创新驱动的起源

创新驱动最早由著名管理学家迈克尔·波特提出，他以钻石理论为研究工具，以竞争优势来考察经济表现，从竞争现象中分析经济的发展过程，从而提出国家经济发展的四个阶段：生产要素驱动（factor-driven）阶段、投资驱动（investment-driven）阶段、创新驱动（innovation-driven）阶段和财富驱动（wealth-driven）阶段。前三个阶段是国家竞争优势的主要来源，一般伴随着经济上的繁荣，而第四个阶段则是个转折点，可能由此开始衰退。

2. 创新驱动的内容

创新驱动的实质是科技创新，而科技创新的源头，一是

7. 大城市（扬州）推动双链融合发展的实施路径

来自大学和科学院的科学新发现所产生的原创性创新成果；二是引进先进技术，并能消化吸收并进行创新。同时，创新驱动经济发展是针对全社会而言的，不只是企业的新发明转化为新技术，更重要的是在全社会推广和扩散。创新驱动的内容是以产业创新形成新型产业体系，以科技创新形成完备的技术创新体系，以产品创新形成新市场和经济增长点，以制度创新为经济发展方式提供保障，以战略创新形成协同创新体系。我国创新驱动重点应是自主创新，可以是原始创新、集成创新，也或者是引进消化吸收创新。创新驱动内容围绕科技创新和国家创新的制度展开，通过科教兴国和人才强国，为创新型经济提供创新人才。

3. 创新驱动的重要性

要素驱动不能解决经济发展中的"生产要素报酬递减和稀缺资源瓶颈"这两个基本问题，需要走以知识和科技为先导的创新发展之路。我国经济发展要素禀赋条件已经发生了巨大变化：市场化改革对资源配置效率的提高作用达到顶点，整个经济进入要素成本周期性上升阶段，以高投资为特征的经济增长模式已不可持续，以消耗资源为代价的经济增长不可持续，过度依赖外资和出口的经济发展方式难以为继，可持续发展、提高国际竞争力和经济转型升级需要创新驱动；封闭的创新模式容易造成"硅谷悖论"和"创新困境"，需要打破企业边界和国家疆域搜寻外部可能的创新源，需要创新从单个企业到区域集聚地最大化利用创新源，需要从"硬创新"向"软创新"转变实现创新人本化，这样才能实现从企业创新活动到国家发展战略的飞跃，实现创新自身的创新。

创新驱动是经济发展依靠内需拉动的重要保障，是现代服务业和战略性新兴产业带动经济发展的重要保障，是经济发展依靠科技进步、劳动者素质提高、管理创新驱动的重要保障，是经济发展依靠节约资源和循环经济推动的重要保障。创新驱动是当前我国解决经济增长方式、可持续发展，社会与经济以及人与自然协调发展的必由之路。

7.1.3 波特理论下的创新驱动路径

实施创新驱动的必要条件有经济发展面临资源枯竭的困境，日益严重的生态危机和环境问题、产业结构单一以及原有驱动模式的路径依赖，需要通过创新驱动解决。实施创新驱动的突破点是制度创新，而需要突破的制度障碍有：政府仍然保持着对重要经济资源的配置权，政府的政府绩效评价要素价格扭曲以及政府未按市场进行相应的职能转变和适应。建立从多类型创新、创新效应模拟、创新措施调整，再从创新效应模拟到经济高级发展的创新驱动发展立体路径，该立体路径的实现需要做到创新文化建设、创新理论研究、创新体系建设和创新制度建设的突破。我国投资驱动产生流动性过剩而产生泡沫经济，需要创新驱动模式改变现状。一般认为，国家进入创新驱动的条件是：科技进步贡献率达70%以上，研发投入占GDP的2%以上，创新依存度小于30%，创新产出高，具有国际竞争优势以及创新扩散到多个领域。但是，创新驱动并不意味着减少要素和投资需求，从模仿和学习驱动到创新驱动实现创新经济发展，决定我国创新经济发展水平的关键是国家层面的发展战略的转型、形成采访效应的氛围、严厉的知识产权保护体系和定期垄断制度、服务业全球化集聚高端人才以及提升开放型经济水平和建设创新文化等。需要深化改革，对现有利益格局进行调整，需要创新改革的形式和回归"多层参与和公共治理"。通过建立国家创新体系，形成创新型经济，提高国家整体创新竞争力，实现经济新增长方式的转变，创造新的经济增长动力。

7.2 结合扬州看大城市双链融合驱动路径

7.2.1 全力布局产业及创新链条

一是加强产业定位和规划。合理进行扬州产业发展规划和布局，对已初步实现集聚化、协同化发展的八大产业集群进一步打造持久竞争力具有举足轻重的作用。充分考虑各区市在资源、区位、产业基础等方面的优势，以及各个工业区域范围分工协作、产业结构的转移和升级等因素，对内明确和做强优势性产业链，利用结构性合作的配套产业资源，加快集聚化和规模化发展步伐；对外细分和做精差异化产业链，基于特色化定位的区域规划来引导扬州整体产业链布局建设，规避和优化如环保设备生产产业在上游出现低技术重复生产等现象。

二是全力构建科技创新链条。尤其注重从合理产业链布局上的技术创新，通过引进、培育一批极具未来产业发展核心支撑力的新技术研发和应用，与产业链的源头、链中及链后等环节相互衔接贯通，高质量部署从源头即开始的创新链与产业链融合建设工作，力争实现从生产端到消费终端全流程都能追本溯源地明确体现其知识创新、技术创新、管理创新。对中下游偏向于市场应用的创新链环节,可对技术创新进行基于环节对象的区分,如设计创新、产品创新、工艺创新等,以类似于多环节征税的形式和特点加快协同创新,完善扬州技术创新体系,促进不同产业链与创新链实现精准对接,提升双链融合的效率。

7.2.2 产业集群个性化要素供给

据千亿元级、五百亿元级、百亿元级和十亿元级的产业集群布局,一是补链项目,根据重点产业发展对所处产业链要求,查漏补缺,梳理出缺链环节,财政、政策在引进和培育补链项目上给予倾斜。二是自养项目,根据项目利润来源的地区,适当重点支持利润来源于省外或国外的项目,以吸引更多"高技术"或"高带动性产业"在扬州落户。三是高成长项目,考虑引进或自培育项目的生长性和生育力,重点支持带总部和研发的项目,避免沦为大企业的"生产车间"。四是龙头企业,重点支持对龙头企业的"一锅端"引进,支持本土龙头企业的壮大发展,促使其尽快达到临界规模。五是高科技项目,紧紧追踪世界科技动态,对符合世界领先科技的企业给予重点支持,培育其成为独角兽企业。所有集群均要按其内在产业链的薄弱环节开展加强工作,具体如下:

千亿级集群之汽车及零部件,包含汽车及零部件、节能与新能源汽车,传统产业环节由金属矿产资源原材料、电池及系统等关键元器件、整车零部件制造与组装、基础设施等商业应用、车后市场配套服务以及汽车研究机构组成。目前扬州汽车及零部件产业已成为支柱产业,生产制造和科研开发体系较为完整,集群效应和创新效能日益明显,"十四五"时期加强创

7. 大城市（扬州）推动双链融合发展的实施路径

新发力的环节有：一是市内大多数中小型汽车企业，高端零部件产品设计和开发的核心技术创新。对内明晰自身优势产品层级上相应投入产出的创新能力和市场嗅觉，对外整合和细分特色化产品结构上分工竞争和创新要素资源配置；二是补足市内节能与新能源汽车的基建等商业应用薄弱板块，突出表现在电芯电池电机电控"四电"核心研发技术、充电桩和燃料补给站的基建产品配套规划、行业技术标准规范实现商业性应用的革新制定；三是市内汽车行业与研究机构，复合型创新人才和中高端总成件的模块化融合。链接起如江苏大学或一批汽车研究院和工程技术中心在高水平人才和管理资源，改善市内行业关键总成件技术设计、内置系统研发、信息咨询等配套人才培养的整体素质和运营服务效率。

千亿级集群之高端装备，包含数控成型机床、节能环保设备以及工程液压等专用装备，涵盖有建材、节能环保、工业机器人以及食品（饲料）等多个高精尖工程装备领域。传统产业环节有关键材料及零部件供应、装备本体生产制造、系统集成及服务应用。扬州建材机械产业已建成国家火炬特色产业基地，在业内有较高的影响力和知名度；节能环保设备产业虽起步晚，但发展后劲足，企业以小微企业为主，概分为销售型、生产制造型及技术服务型；工业机器人产业刚起步，从事企业量少且行业分散，没有完整产业链，对于高层次研发人才和现代技术方法要求极高；饲料粮食装备品种齐全、高低搭配，初步形成完整产业链体系；在这些领域内相应产业链的薄弱环节集中表现在以下方面：一是产业链完整性。鼓励业内关联企业建立紧密的合作联系，规模化带动制造过程的上游材料、关键零部件和配套件的研发自给，减少受设备质量、知识产权局限而扩大的外购成本；二是产业内部高精尖能力。增强产品信息化、自动化程度，加大对建材产业发展前沿技术和关键核心技术的引进和掌握力度，从技术人才、管理人才等创新资源切实打造高端制造设备和研发团队；三是产品关键技术的服务领域。围绕制造业创新发展的重大需求，加大研究市内建材和环保设备等机械的产业关键共性技术，拓展如中材机器的立式辊磨机向冶金企业等行业延伸的广度和深度；四是政产学研合作。创新有效的科技成果转化和产业化研发机制，增大对企业重点创新项目、重大科技成果转化项目、重要产业化项目的政策等资源的支持力度，由外部良性环境向内经营市内科研机构、自主知识产权企业以及产业协会间研发创新机制、成果转化交流、新兴企业孵化工作。

  千亿级集群之新型电力装备，传统装备类型包括发、输、配、变、用等电力装备。目前已形成一定集聚规模，在新能源、电线电缆、电工电器等方面拥有一批龙头企业。新能源产业，细分为光伏、风电、太阳能光热、储能等多个方面；电线电缆产业发展迅猛，市内企业注重投入成本参与跟高校研究院所合作研发；电工电器行业中规模以上企业大多与国内科研院校建立产学研合作机制，在部分关键产业链环节中拥有核心技术。在相关细节产业环节上，一是个性化延链补链，特色化创新布局产业规模和区域集群。加强对影响电力装备产业内部上中游发展瓶颈的技术革新，如太阳能光伏产业的多晶硅生产、硅棒、硅锭制造技术，避免盲目投资而普遍陷入低水平重复建设、地

7.大城市（扬州）推动双链融合发展的实施路径

区间产业同质化竞争和产能过剩的误区，推动行业技术进步和引导建立布局清晰、产能合理的集群增长点；二是鼓励行业企业合理增加研发投入，对标新消费理念和生活方式。加快新产品开发力度，以关键环节的产业技术创新引领行业装备制造精细化、自动化，以基础和共性技术研究突破行业壁垒、传统产业空间，增强原创成果和战略性技术产品跻身中高端水平的能力；三是进一步紧密联系创新合作主体，完善技术创新公共服务平台。电力装备内的各行业发展强调产业的技术创新能力，这在新能源产业上尤为突出。建立与中科院等科研机构和南京大学、扬州大学等高等院校合作创新的战略性产业联盟，以联盟体制拓宽信息交流、创新资源共享、成果转化及公共服务的均等化，支撑起一批电力装备产业技术研究中心、成果产业化中心的高质量创新和服务平台。

五百亿级集群之软件和信息服务业，具体包含行业应用软件、嵌入式系统以及信息技术服务，涉及电信通信、互联网、广电等多行业、多业务、多领域，按软件服务类型整体划分为信息生产、传输、发布和技术服务环节。扬州将软件和信息服务业提升为全市重点发展的五大基本产业之一，在规模和项目建设上取得不错的成效。在现时发展阶段的产业环节上，一是创新布局各类服务结构，建设具备核心竞争力的企业。从扬州整体新兴软件名城的工作目标出发，以技术前沿、行业领先的龙头企业为阵地，科技先导式打造企业内研发、人才、专业服务的核心竞争力；二是倡导优先建立行业产品和服务标准规范，革除体制障碍，助力创新服务。具体联系企业和政产学研机构参与者的创新活动，统一行业标准和业务规范，从信息生产到信息供给的全流程呈现出由标准化产品服务带来的信息创新效率提升、行业攻坚技术共创共建共享。

五百亿级集群之高端纺织和服装，包含纺织纤维新材料和品牌服装家纺，传统产业环节有纺织技术研发、面辅料生产、服装设计、服装加工、服装商贸。扬州高端纺织和服装产业已形成仪征化纤制造、高邮羽绒加工和邗江服装生产三大集聚区，发展具有持久竞争力。对于现时集群的产业环节，可在以下方面进行补强：一是注重创新性技术研发，培育品牌竞争力。结合人民生活水平和消费层次的升级，从新一轮整体的品牌服务体系、品牌战略管理、品牌形象价值，树立起自主开发能力强、风格和特色各异的扬州高端服装品牌；二是培育和提升龙头骨干、专精特新小巨人企业的创新能力。以自主品牌内的自主知识产权为攻克方向，具体包括核心开发技术、关键共性技术、质量检测技术等，切实壮大扬州本地面向高端纺织和服装产业各环节上新材料和新技术的产业化龙头企业。三是创新市场营销的战略模式，增强产业中辅链环节的开拓力度。提升商贸营销力度，借助多种形式精准预测和掌握市场动向以及客户需求，如展会表演、教育咨询、物流媒介等，建立和完善高端纺织和服装产业与社会全行业、核心环节的多向关联关系，多渠道加强线上与线下的互动体验，促进产业链价值增值。四是着重分工合作，推广智能制造理念。服装行业受限于技术研发成果的转化和产业规模集中度的延伸成本，在新材料新工艺之外的设计环节，其理念来源于生活，强调技能人才和专业实践。紧密联系起企业生产实践和人才培养模式，如扬州职业大学等高校内纺织服装学院的教学实践基地以及智能生产车间，促进服装

7. 大城市（扬州）推动双链融合发展的实施路径

设计创新成果产业化、市场需求及时投入生产计划，推动产业和品牌高端化。

百亿级集群之海工装备和高技术船舶，分为海洋工程装备、高技术船舶与特种兵船舶及配套。传统海工装备制造分为原材料、配套设备、辅助船舶以及平台建设，船舶行业分为原材料及配套设施、船舶总装制造、航运和维修以及港口码头等服务环节。扬州海工装备和高技术船舶产业年造船能力接近 900 万载重吨，约占全国 1/10，已建成江都船舶工业园、广陵船舶（重工）产业园、仪征船舶工业园 3 个重点园区。海工装备和船舶行业需要极强的高技术研发能力和产业集聚资源配套供应，在现有产业资源上，进行创新补强可从以下方面入手：一是增强行业企业自主设计能力，开展产学研体系内的深度合作。与央企、军工企业、中船重工 723 所和江苏科技大学等研究机构开展对高技术、高附加值的新船型和新装备的战略合作，深入装备和造船模式、研发水平和产品质量等必要性技术攻关，提升本地核心、龙头和优秀企业的产品竞争力和进行集聚化发展；二是创新布局配套产业，做好补链强链产品。围绕三大产业集聚区，针对关键配件等主要缺、弱链产品进行智能化和数字化试验以及产业化，逐步增强行业内大小企业业务的持久竞争力；三是适度延拓产业技术，扩大船舶等共性技术的服务领域。利用扬州优越的内河资源，对战略性新兴海洋产业和基础设施建设进行规模优势的红利辐射，从产业布局、行业水平、技术机制紧抓造船工业的发展机遇，做大做强中高端产品的配套和延伸，带动市内如机械和装备制造业发展。

百亿级集群之生物医药和新型医疗器械，分为生物技术及生物制品、植物药及医药中间体、医疗器械以及制药设备及耗材，传统产业环节包含原材料生产加工、特色原材料和中药材的加工环节，生物药、保健品和医疗器械的生产环节，零售、批发、医疗服务的流通环节。扬州生物医药和新型医疗器械产业链完整、市场竞争力强、协作关联度高、产学研合作稳步推进、国家级扬州高新区生物健康产业园建设加快。在现在的发展势头上，生物医药和新型医疗器械产业可从以下方面加强：一是强化自主知识产权战略，促进品牌管理和产业链分布。注重企业产业科技人才投入，鼓励市内优质企业支撑技术创新，如国药集团扬州威克生物公司，形成自主知识产权的核心技术群和体系，对从质量管控、品牌效应、标准化管理等具体战略着手的品牌战略具有重要作用；二是加强区域合作交流，深耕产学研协同创新。主动对接上海、南京、苏州等省内外同行业的产业集群水平，通过区域经济的外部性促使市内区域生物医药专业化水平不断提升，利用如扬州大学等高校和科研院所的科技创新优势，加快优化市内行业的创新环境、配套资源、技术体系。三是加快科技创新公共服务平台建设。医药行业的特性是前期投入大，回报周期长，探索行业内如扬州优邦生物制药公司一类有资质的企业建设如工程技术研究中心、重点实验室等一站式科技平台和成果落地转化基地，加快实现创新程度较高的产业化生态体系和公共服务体系。

百亿级集群之食品，分为传统食品、油类水产、饮料制造，传统产业环节包含种养殖和捕捞等上游行业、食品加工及制造业、餐饮流通等其他产业。扬州食品产业的工业布局日益完善,建成省内唯一的集食品加工、制造、流通、研发为一体的现代食品产业园,产业发展后劲和品牌形象整体在走上坡路,形成了一批绿色、有机、安全的地产品牌。在扬州丰富农副产品资源和良好生态环境的基础上,可参考从以下方面加强培育发展,一是研判市场消费需求,创新产业化经营模式。梳理研究大趋势下食品产业发展方向,结合城乡居民消费升级背景做好市内食品产业上中下游细分市场的弹性生产,注重发挥地理标志产品和企业食品商标的品牌基因优势,做强基于产品定位的"中央厨房"和扬州特色品牌;二是鼓励企业加大科技投入,培育全产业链集群基地。以投入带动产出,提高主要食品产业及衍生副产品的开发创新力度,突出现代食品加工技术的研制和推广,推进智能制造和绿色制造在食品工业中的布局和应用,建成全产业链的现代食品产业体系;三是开发新型营销模式,推动食品服务业做大做强。与高端纺织和服装集群相似,食品产业同样需要创新营销渠道。从传统线下渠道和现代线上模式出发,产品的战略性特征和定位、地产品牌的价值符号、渠道营销模式的细分等,围绕以本地食品产业为主体的展会推介、文化交流、功能交融进一步提高扬州食品集群的知名度和影响力。四是聚焦科技研发平台,配套政策等公共服务资源。以如江南大学食品学院、扬州大学农学院和旅游烹饪学院、扬州食品学会等综合科技载体为平台,建立健全食品产业中类似于科技创新优惠的政策扶持,助推市内全产业各行业的提质增量、转型升级。

航空产业,分为飞机设计研发、机载系统、通用航空、无人机等产业，核心环节涵盖原材料、零部件、机载系统、飞机总装、服务等方面，具有很强的产业带动效应。在高端装备集群的制造基础上，扬州航空产业是市内重点培育发展的产业，采取"1（创新研究院）+M（创新联合体）+N（产业公司）"的创新模式，开工建设扬州航空产业基地、小熊飞机扬州制造基地、尊翔航空扬州运营基地、扬州航空螺旋桨及配套新材料研发制造基地等项目。在以航空工业沈阳所扬州协同创新研究院揭牌成立为起始点，下一步加强扬州航空产业环节可从以下几点入手：一是引进来和走出去结合，补强飞机设计研发力度。依托航空工业沈阳所，加强与近距离的上海、苏州、成都等区域、上海交通大学航空航天学院、南京航空航天大学等多地科研机构的交流合作，从领军型的科技人才和研发团队着手产业的技术创新，吸引具有自主知识产权的央企、国企、民企入驻扬州参与航空产业链的其他环节，实现基于技术服务的创新成果转化；二是鼓励相近产业的关键共性技术研发，培育航空产业关键环节制造企业。大力推进新材料、新光源、节能环保等战略性新兴产业发展，支持高端装备集群、软件和信息服务业集群集聚起航空产业的上下游配套产业，提升扬州航空产业的发展基础和高度；三是建设航空工业的科技产业综合体，有效促进制造和服务双向生长。建设航空工业全产业链集聚载体平台，融合各类支持扬州航空产业快速发展的科创资源，培育起一批成长性好的零部件制造和总成组装企业、运输维修和金融培训等专业性服务企业，满足航空工业多样化、一站式的资源需求。

7.2.3 创新主体资源优化再配置

从目前扬州围绕创新链形成的创新主体资源来看，已经具备了雏形，而优化再配置现有的资源则是为了实现效益的最大化。具体而言，在源头创新环节，扬州有着高校院所、实验室、企业研发机构三大核心支撑资源，虽然三者均具有研发性质，但适当区分各自的主攻方向则会事半功倍。政府层面要积极推动现有的实力强劲的企业建立企业研发机构，并主打企业内最紧缺、最接近产品化的研发，如电子信息行业急需的前道制造工艺、后道薄片工艺技术；高校院所则重点布局核心前瞻性问题，如电子信息行业中的电子元器件软硬件协同设计、低功耗可靠性设计技术等，为全市的行业发展带来通用性的核心技术解决方案；实验室则一方面要承担起高校院所技术检测、实验、完善的重任，另一方面则要开展对现有产品技术服务的功能开发，特别是发现问题、改进问题，辅助企业的市场终端更加扎实化。从高校院所的资源来看，以扬州大学为例，其化学、植物与动物科学、工程学、农业科学、临床医学、材料科学和计算机科学这七个学科的 ESI 排名已经进入全球大学和科研机构的前 1%，而这些学科与本市的汽车、生物医药、信息技术与软件服务等支柱型产业有着高度的契合性，通过加大信息的公开力度与建立供需双方匹配交流的自由氛围等措施，促进"象牙塔"技术到现实生产运用的流畅对接；全市目前也已经形成了 35 个省部级重点实验室，获得了有效知识产权 1500 多项，其中超过 60% 是发明专利，整体涵盖了农业养殖、互联网技术、半导体、新材料、新能源等多个方面，逐一落实每个发明专利以转让、授权、合作使用等多种灵活形式的应用,力争开展已有产权成果与产业化之间的一对一转化,实现科研成果的精细化管理。

在辅助孵化环节,深度发挥现有多样化形式众创空间的作用,主推高新区、综合体、孵化器、开发园区以及科技产业园等五大产业发展的摇篮基地。通过进一步强化各主体进入的范围,如众创空间面向社会大众尤其是高校应届毕业生、科创园面向有一定技术基础的团队与企业、科技产业综合体重点入驻与市场终端紧密联系的企业项目,梯度化分排并利用创新资源,做到有条不紊。

在配套资源上,合理分配现有的商务、消费、医疗、居住等资源,不求广范围的辐射,只求区域内点对点的支撑,充分保障每个创新主体在其半小时经济圈内均能够覆盖到应有的多方面基础配套资源,将集聚效应进一步突出。

在软性条件上,一部分是市政资源的配置,扬州已经在融资平台、政务服务等方面开辟众多的资源通道,如科技28条、企业重大科技创新项目奖励、"英才培育"计划、"政务一张网""不见面审批"、多元化的融资平台与服务等等,众多的政策、服务等软性资源为创新链与产业链的对接提供了润滑剂。但由于信息的不对称性,很多企业可能很难了解到最全面最体系化的发展政策,无法享受政策红利。通过政府部门牵头,审批建立一些服务性中介机构,专门负责为企业的产业发展建设对接政府的资源,充分为企业在研发、生成、销售等多环节保驾护航,实现政策制定源于实际、作用于全体,提供更高的效益。另一部分就是带有公共服务性质的资源,如科技文献资源、

7. 大城市（扬州）推动双链融合发展的实施路径

公共设计检测服务等。通过整合区域内的维普、万方、国家科技文献中心等科技文献资源，为创新主体提供专业、高效、前沿的智力支撑；推动设计、检测等科技型服务平台建设集约化、高端化，为更多创新主体提供配套服务，解决各主体自发寻找服务效率低、服务质量难以保证的难题。

表 6.1 创新资源的优化配置简表[①]

资源环节	资源形式		资源利用
源头性创新	高校	扬州大学	发挥其在化学、材料科学、计算机等 ESI 排名前 1% 的 7 个学科的优势科研资源，充分对接现有产业集群
		扬州职业大学	发挥机械制造工艺及设备、机电一体化、计算机网络技术等省级品牌特色专业优势，点对点输送人才；利用学校的实训基地、创新实验基地和市级科研平台，开展工业技术研发
		扬州大学广陵学院	开展机械电子工程、土木电气工程、化学与医药三大领域的技术研发与人才培养工作，支撑电子信息、计算机技术等产业的发展
		南京邮电大学通达学院	依托南京邮电大学在信息技术上的优势，以及与境外十多所院校的交流合作的资源，主打信息技术产业发展以及联合人才培养
		扬州工业职业技术学院	利用化工、机械、电气三大板块的知识储备以及两个国家实训基地、两个省级高职教育实训基地、省级人才培养模式创新基地、省级工程研发中心的技术研发、人才培养，提供工业技术支持

[①] 本表仅列举较为主要的资源供宏观分析用，不全覆盖。

续表

资源环节	资源形式	资源利用	
源头性创新	高校	江海职业技术学院	围绕省级重点专业群机电技术专业群建设点，打造机电一体化技术、电气自动化技术、数控技术、模具设计与制造、汽车检测与维修等特色专业，推动新材料、机械等产业的发展
		扬州高等职业技术学校	充分发挥学校在机电一体化、现代纺织技术、模具设计与制造等领域的技术积累，以及多次在全国职业院校技能大赛中获奖的专业人才技能培养经验，为扬州市输出优秀的职业技术人才
		扬州商务高等职业学校	信息技术人才的输出，包括计算机应用技术、物联网技术、应用电子技术、计算机网络技术等
	院所	大连理工大学高邮研究院	发挥母体海岸及近海工程、三束材料改性、精细化工和工业装备结构分析4个国家重点实验室和船舶制造国家工程研究中心的研发实力优势，打造集科技研发、人才培养、培训与技术服务为一体的产业技术创新基地
		武汉理工大学高邮研究院	提供在先进装备制造、智能交通、智慧城镇、新能源汽车等领域开展科学研究和成果转化，推进科技成果产业化发展，提供科技服务与人才培养
		中船723研究所	提供电子工程系统与设备研制技术支持，发挥获得认证的"电工、电子设备环境与可靠性试验检测中心"服务
		扬州船用电子仪器设备研究所	为百亿级的海工装备和高技术船舶产业集群提供仪器仪表、机械设备、电子信息技术等的支持
		沈阳飞机设计研究院扬州协同创新研究院	推动扬州布局飞机设计研发、机载系统、通用航空、无人机等产业，加快扬州航空产业集群的建设

7. 大城市（扬州）推动双链融合发展的实施路径

续表

资源环节	资源形式		资源利用
源头性创新	院所	扬州市农业科学研究院	发挥农作物育种、生态农业技术研究、核科技应用等领域的优势和特色，打造优质的食品加工业上游供给资源
		各大设计、勘测研究院	为各大产业的发展提供规划服务、为产品提供检测服务，稳固产业链条
	两站三中心	企业建立院士工作站、博士后工作站、工程技术中心、企业技术中心及工程中心	发挥已经建立起"两站三中心"的企业的引领示范作用；定位清晰，重点研发企业面临的最急迫的技术需求，打通技术与产品的最后一个环节
孵化成长	高新区	国家高新技术产业开发区	发挥在数控装备制造业领域的主导作用，全力发展生物医药技术、新型光电技术和现代服务业
	科技综合体	江广融合区、三湾片区和西区新城片区八大科技综合体	重点领衔前沿科技型技术、产业的集聚与落地，充分激活并带动地区就业、商业圈、教育圈、服务型产业等的发展，进而在产业链中起到补链固链的作用
	孵化器	10个国家级科技企业孵化器、18个省级科技企业孵化器	采取主动提供可孵化的企业类型、同类型科技型企业推荐、公开招募等形式，充分挖掘区域内各种形式的、有潜在价值的成长型企业，加速科技企业的发展
	开发园区	经济技术开发区	发挥地理位置优势，强化与南京上海的交流合作；重点支持光伏、半导体、汽车装备、电子信息等高技术含量产业得奖集聚，以人才、位置、资源等多要素形成对全市的辐射作用
	科技产业园	人工智能产业园	加快数字经济、人工智能本土化发展，为人工智能高新技术转化、创新人才培养及一流科技成果输出提供技术支持
		智能制造产业园	智能制造产业园，重点推进智能产业创新服务平台、智能制造生产基地和机器人应用示范基地，为机械自动化的发展提供核心技术，加快制造业的转型升级

续表

资源环节	资源形式	资源利用	
多样化配套	居住	人才公寓、职教园区等	主要的园区、综合体等区域必须配套有专门的人才公寓等；以公租房、青年公寓等形式，吸引年轻人力资源；住房区协同商务休闲区、生态园等休闲用地，打通工作、居住与生活
	休闲	商务区等	全力支撑、衔接产业发展与生态生活
软性连接	市政政策资源	关于人才、资金、土地、政务服务等方面的政策资源	一方面，将现有政策梳理细化，分门别类展示；另一方面，建立专业化的示范服务机构，为企业政策资源咨询服务，全面提高政策是时效性与功用性
	公共服务资源	通用性的设计、检测、规划咨询、产权保护等的无差别共有服务资源	广泛组织现有为企业服务的咨询机构、各类型事务所、技术检测服务机构、规划设计机构等服务型主体，引导其聚集各产业群体，帮助解决企业研发生产以外的问题

7.2.4 创新双链融合模块化管理

对双链融合的管理不能粗犷对待，必须要走精细化路线，尤其是模块化管理。结合双链融合的主要环节，重点推进起始环节的基础平台搭建（如协同研发平台、协同供需平台等）、中间环节的融合环境营造（包括创新环境、生产环境、转化环境等）、末端环节的融合反馈（包括研发端的困难、生产端的瓶颈、融合过程的局限等）以及贯穿全过程的政府与市场的关系处理。

一是融合平台的搭建。紧密结合新兴科创名城建设目标，推动以科技创新引领现代化产业体系建设为核心的高质量融合，加大围绕智能汽车、电子信息、智能制造等领域的研发创新中心、高层次创新创业人才和重大科技合作项目的引进力度，在科技产业综合体等新型载体平台加快如基础设施的配套供给，通过筑巢引凤、多点多极搭建创新平台，打造立体式发展的融合阵地。鼓励并支持市内领军企业在优势产业（如太阳能光伏发电产业）突破革新，形成一批内联外合、高效衔接创新链与产业链的融合平台试点，逐渐推广至全市其他相关产业和园区。

二是融合环境的营造。探索匹配扬州市场化实际运作情况的科研成果转化机制，着重布局全产业链源头的科研工作站和院所引导模式，强调重大技术难题等理论研究和实用性产品研制工作方面的知识产权意识，从产权制度和市场建设两方面注重市场内技术交易的运行和管理，完善产权静态归属和动态收益的双重制度建设，充分平衡好成果所有方的应得收益、迫切性技术需求的供给能力以及技术交易市场的规范秩序，扭转很多成熟的科研"成果"在用于职称评审后变成"沉果"和束之高阁、冰封雪藏的趋势，着重嘉奖荣获省市级科技进步奖的技术研发团队以及成果产品化收益明显的企业，加快实现扬州市高科技进步贡献率带出高科研成果转化率，稳固双链融合的发展成果。

三是融合效果的反馈。向企业、高校、科研院所、社会服务机构等多个产业链与创新链融合的参与主体释放市场信号，一方面促使其积极参与融合过程，在实现各自利益最大化的同时推动市场融合不断迈上新台阶，另一方面也借助各个主体在参与双链融合的过程中发现其中的不足和需要改进之处，方便及时完善政策。可采用构建相应信息采集系统的方式，结合融合的考察评价指标，制定出易于大众理解的意见反馈表，重点采集技术研发上的困难与需求、企业生产环节上的瓶颈以及各主体在融入双链融合过程中感受到的局限等方面的信息，实现融合效果反馈的"零距离"。

四是融合权责利的分配。对于扬州市双链融合平台和园区等载体建设，明确各主体在平台搭建、运营管理及成果收益等工作上的权责利分配，可参仿类似于飞地经济的财政支出、税费分成做法，完善围绕利益相关机制、科技成果转化价值衡量机制等实施要点的合作模式，不断吸引和推动社会资本参与扬州市双链融合的投资、建设及运营，激发市场主体辅助建设双链融合的动力与活力，更好地服务于融合大局。

通过模块化的管理，各方可以进一步明确目标，做到有的放矢，同时又保证相对的独立性，避免牵一发而动全身。

7.2.5 构建多维度制度保障体系

一是融合组织引导制度。制定和落实扬州市各大优势产业内上、下游产业环节的联动机制，以产业联盟和协会等组织形式，鼓励代表性龙头企业和科研院所率先打破自身薄弱环节和单一产业的发展局限，引导全市大小企业（机构）进行生产要素的合理流转、中后端产品线和一线市场业务线适时对接，鼓励企业间、业态间、行业间及区域间探索多种组织架构的融合发展模式，切实解决扬州市部分产业链条上下游产业联动不强、联合创新和关联度不高、产业链体系与下游终端应用市场相脱节的融合发展问题。

二是融合主体合作制度。整合扬州市政校企资源，推进政产学研合作的无缝对接，探索成果转让、合作开发、共建

7. 大城市（扬州）推动双链融合发展的实施路径

实体以及科技园区多渠道合作模式在扬州创新链和产业链上的可能性与可行性。通过构建企业、院校、政府和中介、金融机构间达成保障、管理、沟通和信任的长效机制，平衡好利益，防范好风险，保持成果委托开发、购买转让和研发合作等更为密切的伙伴关系，保证扬州市产学研合作项目实现其应有的融合发展功效。

三是融合要素联动制度。梳理做好扬州市产业发展优先级的排序，聚焦发展优先领域、重点任务和保障项目，探索形成中央和地方统筹、实施区域负责的协同发展机制，推动扬州市人才、资金、技术、知识等要素联动聚集，对新项目、大项目、好项目可坚持要素比例式配套的激励和约束原则，对邗江区和江都区等区域的特色优势产业坚持均衡性、差异化配套，统筹推进要素创新配套和产业创新发展的深度融合，继续做全、做大、做强、做优。

四是融合评估协调制度。深化扬州市双链融合成效的评估和监管体制机制改革，落实生态建设、民生改善、社会进步、经济发展等方面的效益评估考核，从引进项目、搭建平台、配套要素、载体管理全方位体现扬州市对于创新链与产业链融合发展的态度和决心，适当降低战略性新兴产业等新业态新经济的准入门槛，把握不利于扬州市经济稳定发展的政策执行力度，推动财政资金等资源引导社会资本，完善筑巢引凤、搭台唱戏、四两拨千斤的要素配置效率，研究制定符合扬州市整体创新链与产业链融合发展的运营绩效考评办法（具体见研究成果之表 7-1；5 个一级评价指标，16 个二级评价指标体系），容易纠错，有效促进双链融合果实累累。

表 7-1 产业链与创新链融合度评价体系预选指标

目标层	一级指标	二级指标	计算方法	说明	备注
产业链与创新链融合度评价	融合协同性指标	各产业当年产学研合作项目的合同经费收入所占销售比重	产学研合作项目合同金额/销售收入	测度全市双链融合工作的潜在能力和水平	正向指标
		市内当年各产业开展产学研合作的企业数量所占比重	各产业开展产学研合作的企业数量/工商行政管理局注册等级企业数量	测度全市双链融合工作产学研合作模式的覆盖程度	正向指标
		产业集聚区与创新研发距离占半小时经济圈的平均比重	各产业集聚区与创新研发点的距离/半小时里程求平均值	测度市内各产业的集聚能力与资源通达水平	负向指标
		产业链与创新研发活动的匹配度	上年度创新活动带来的产品收入/未创新前的产品收入	未创新前新产品收入是企业的一个经验预估值	正向指标
	融合互补性指标	市内当年新增一定标准以上的成果产业化数量	如市级省级及以上科技成果数、名牌等品牌数	测度双链融合的科技成果转化的数量	正向指标
		市内当年每万人发明专利和实用新型专利授权拥有量年均变化率	每万人人均专利量	测度可供转化和产业化的创新成果人均值	正向指标
		市内当年各产业累计研发投入占该产业所属行业产值的比重	当年行业累计研发投入/当年度产业所属行业总产值	测度全市企业的科技研发经费投入能力	正向指标

- 224 -

7. 大城市（扬州）推动双链融合发展的实施路径

续表

目标层	一级指标	二级指标	计算方法	说明	备注
产业链与创新链融合度评价	融合成长性指标	市内当年各类产业具有一定比重自主知识产权的企业数量占比	如以由自主知识产权创造产值的企业占当年总产值一定比例为划分的企业比例	测度具有自主知识产权的企业自主创造价值能力	正向指标
		市内当年新设立或建成的科技公共服务平台及载体较上一年的变化率	具体取值数为环比增长率（统计对象为包含高校院所、"两站三中心"等科技公共服务平台及载体）	测度由公共服务平台资源对于双链融合支撑企业研发的能力	正向指标
		市内当年中小微等新兴企业孵化数量较上一年的变化率	新孵化在工商行政管理局注册企业数量的环比增长率	测度由双链融合孵化新兴企业的能力和效率	正向指标
		市内当年注册在职在岗的各类产业科技人才在人力资源总量上的占比	每千人研究与开发（R&D）人员数随项目培训或引进配备的浮动比率	测度双链融合提供给高层次人才的就业机会，以及自我投入科技研发的人力资源情况	正向指标
	融合效益性指标	市内当年享受高新技术企业减免税所得税政策的企业数量较上一年的变化率	减免所得税、研发费用加计扣除所得税后的企业数量	测度在融合过程中，政府相关部门对于政策扶持和落实的成效在高新技术企业上体现出来的效益	正向指标
		市内当年高新技术企业增加值占规模以上工业增加值的比重	当年高新技术企业增加值/规模以上工业增加值	测度双链融合工作带来的全市整体高新产业发展绩效	正向指标

续表

目标层	一级指标	二级指标	计算方法	说明	备注
产业链与创新链融合度评价	融合效益性指标	市内当年科技经费占政府财政支出比重较上一年的变化率	政府工作报告中财政预算的科技经费所占比重	测度在融合过程中，政府对于市内企业开展的重大产业项目的支持力度	正向指标
		市内当年规模以上新产品产值占规模以上工业产值的比重	当年新登记上市的规模以上产品产值/当年规模以上工业产值	测度创新成果产业化（创造新产品的价值实现）的潜在能力	正向指标
		市内当年政府等相关部门审批科技创新、研究开发、科技成果转化等工作的平均时长	估算主要部门为融合研发工作的平均时长	测度政府相关部门对于双链融合事务审批的支持力度（效益高与投入精力正相关）	正向指标

说明：

1. 部分数据为调查数据，少部分来自统计公报和政府工作报告等；
2. 因存在量纲等多方面差异，需使用一定处理方法转换观测数据为可比的标准化数据；
3. 可通过专家评分选择相应权重，参考模糊综合评价法、综合评分法，作市、县、区的区域比较评价，或园区等多梯队评定双链融合度的工作成效和创新程度。

8. 结论和对大城市（扬州）推动双链融合发展的政策建议

8.1 创新规划机制，争取政策红利

2021年是扬州市"十四五"建设的开局之年，也是扬州建城2507周年。作为首批国家历史文化名城，扬州的建设发展已纳入国家、省级层面的相关规划中去。站在"十四五"新的历史起点，扬州在已创成国家创新型试点城市、国家智慧城市技术和标准试点示范市的基础上，一是编制扬州市创新链与产业链融合发展规划，在市一级层面出台"十四五"时期扬州市推动创新链与产业链融合发展的指导性意见，可以参考借鉴苏州工业园模式——新的总体规划集中体现产城人高度融合的理念，将双链融合发展建设提高至营造宜居宜业宜游的城市空间；二是立足国家双创示范城市、长三角经济带和淮河生态经济带重要组成部分、世界运河文化之都等定位，充分利用国家、省先进制造业建设及双创示范的优惠政策，争取市优势产业重大项目和平台的引进、审批绿色通道，以及后续配套要素的政策支持。

8.2 强调专项管理，统筹融合工作

成立"双链融合专项行动"工作领导小组，负责统筹协调和组织研究融合部署项目推进过程中的重大事项；设立扬州市双链融合发展委员会，谋划"十四五"时期扬州市总体融合发展方向；在市、区、县一级下设执行委员会，负责具体融合发展执行工作和政策落地。以此细化和拓展扬州市双链融合工作开展机制和机构，包括对工业园区和集群区的融资、招商、运营以及成果孵化、转化平台，推进扬州市创新链和产业链关键环节固链强链、缺失环节补链延链，以"专项管理培养专业人才，专业人才做好专职事务"的形式更加便利补链项目、自养项目、高成长项目、龙头企业以及高科技项目在融合发展中的业务开展和诉求协调。通过相关专职部门负责融合项目的管理和运行工作，加大宽领域、多渠道、深层次的赴外交流合作、培训挂职，广泛吸收如天津、南京、苏州同类开展双链融合打造地区的新模式和新机制经验，引导扬州双链融合发展理念的革新，稳步推进扬州市双链融合发展工作。

8.3 调整财政投入，制定扶持政策

调整扬州市对于市内双链融合项目的资金投入，对扬州双链融合优先领域、重点任务、保障项目有分别支持，结合市场遴选机制变无偿支持（达成某项条件即补贴）为有偿支持，鼓

8. 结论和对大城市（扬州）推动双链融合发展的政策建议

励和引导市场融资平台和筹集体系建设，制定相关精准支持的政策措施，研究制定创新链与产业链融合发展实体的财政绩效考评办法，以长远规划融合与中短期发展相结合的扶持思路，实现财政资源的有效配置。考虑发挥财政资金撬动作用，引导社会资本投入参与融合发展工作，发起设立"扬州市双链融合发展基金"，通过财政资金全面撬动银行、保险、证券、股权基金甚至民间资本等资本市场各种要素资源加入资金供给侧结构性改革，拓宽扬州市内对于科创平台建设和产业投资引导资金的来源和渠道，切实提升资金支持要素的整合和配套力度，解决大多数融合发展载体面临的资金难问题。

8.4 突出市场导向，推进竞争改革

对于创新链和产业链项目，坚持市场化、平台化、信息化导向，保持推进双链融合发展政策设计的激励相容、竞争改革趋势，采取"先试点、再总结、后推广"的融合发展模式，尊重"自下而上"的市场竞争遴选机制，集中精力推进抓好对于区域性优势产业的关键融合发展项目，推动各县区主抓一两个符合当前各县市创新链和产业链融合发展的载体项目，标准化谋划和打造极具内核竞争力的融合发展主引擎。完善扬州技术创新和产业发展体系的市场化运作，参考借鉴 3D 打印技术的前沿技术引用，在基层可布局创新创业竞赛机制、融合大数据库以及政府智慧融合服务平台建设，兼顾起政府数据资源和创新人才工程的外界保障举措，创造加快双链融

合发展的政策环境和高效快捷的服务环境，从本地数据开放共享的透明化掌握各区域、各企业、各机构在创新链和产业链建设工作的翔实信息，提升政府和市场对于双链融合建设工作的创新性治理效率。

8.5 加强生态建设，打造集约融合

扬州历来重视生态文明建设，是人文和生态之城，有"绿杨城郭"之称，近期也纳入淮河生态经济带建设之列。在布局如江都区、宝应县、邗江区的双链融合发展上，要坚持发挥环保设备制造和新能源新材料为优势的产业发展优势，始终贯彻生产空间、生活空间、生态空间优于实际融合的区域布局，不能忽视生态而单纯强调引进、自养平台或项目所带来的经济效益，应在融合的技术创新和产业发展体系上充分体现生态平衡和生态循环的生态圈理念，以完善的生态融合、绿色布局的创新链和产业链反向打造营商环境新高地、生态宜居新高地，力求扬州"十四五"时期的双链融合优质高效、循环集约。

8.6 严控城市房价，降低产业和创新成本

从世界科技名城的发展情况看，美国的硅谷既不在纽约也不在华盛顿，而是在圣何塞；印度的"硅谷"，既不在孟买也不在新德里，而是在班加罗尔。良好的生态环境、人文

8. 结论和对大城市（扬州）推动双链融合发展的政策建议

环境，叠加上较低的房价等合适的生活成本，才会对科创企业和高素质年轻人产生强吸引力。长沙最近几年经济增长势头强劲，创新指数飙升，被众多经济学家看好，认为有可能是未来中国经济新的创新中心，主要原因就在于长沙严控城市房价。作为省会城市，目前房价才 8000—10000 元/㎡ 的价格，在所有省会城市中最具有竞争力。

扬州近五年房价上涨太急太快，2016 年以来，房价已经翻了一番，这已经对实体经济产生了较大的负面影响。体现为企业员工生活成本暴增、物价薪酬开始被动性提升，城市招商吸引力下降，城市经济竞争力降低，农民市民化和城市化速度减缓，创业创新成本居高不下、创业创新以及产业拓展投资风险暴增。

在降房价的具体途径上，有学者提出的"招拍挂"二次竞价很有代表性。即土地"招拍挂"中的第一次竞价为土地竞标；第二次为在地价达到限价或天花板价格后，继续拍预期的开发楼盘均价，最终楼盘销售低价中标，拿地来控制房价。

相比于做大实体经济的蛋糕来说，政府一定要能舍弃一定的土地财政收入。一个良性的地方政府运作一定是建立在繁荣强大的实体经济带来的就业和税收之上，绝不可能长久建立在庞大的土地财政之上。没有壮士断腕的决绝，下不了以楼市土地财政换取地方经济长效增长机制的决心。纵容房价疯涨，对地方经济发展无异于饮鸩止渴。华为总部搬迁到东莞、一些高房价城市产业空心化已经血淋淋地证明了这一点。

8.7 提高财政支出项目效率，降低行政成本

2018年扬州全市一般公共预算支出完成563.57亿元，比2017年增支63亿元，增长12.6%。其中市区支出359.23亿元，同比增支49.52亿元，增长16.0%；县级支出204.34亿元，同比增支13.46亿元，增长7.1%。在降房价、降低土地财政依赖的大背景下，市属财政规模初期可能会有所减少，这就需要政府部门相应地调整财政支出结构和规模。财政支出，大的方面可以划分为三大类，第一类是行政事能支出，第二类是行政事能对应的人员开支，第三类则是经济建设开支。最近几年，特别是2018年国家对第一第二类改革力度比较大，大幅度进行行政机构精简撤并以压缩人员开支。具体到扬州，在吃透中央精神的同时，关键还要做好两件事。第一件是切切实实控制事能，第二件则是要适当控制经济建设规模。

特别是第二件，地方经济建设开支目前规模太大。政府主导的庞大的经济建设支出既形成对民营经济的投资挤压，又导致地方财政不堪重负。目前扬州的经济建设投资以及后续维护带来的财政支出已经占扬州财政支出的近50%，远超过传统的1/3的界限。而理论界一般认为政府主导的经济建设支出会质量低下、效率低下，应尽量控制压缩。

8.8 加大体制改革力度,提高经济自由度

权力无处不在,往往会吓得创新思维无处容身,制约着产业的进一步发展壮大。"看得见的手"所作的"恶"远超过"看不见的手"所施之"善"。扬州的经济,总的来说,政府"看得见的手"管控还是太严密了。扬州为什么没有出现腾讯、阿里巴巴、谷歌、亚马逊、甲骨文等这样的国内外一流的世界级大企业,跟扬州经济生活中的"看得见的手"太活跃有很大关系。

通过体制改革,压缩"看得见的手"活动的空间和领域。上海、深圳之经济崛起,都是在"天高皇帝远"、官权不至的小渔村,当年扬州和泰州两个市还没有分家时,"三泰"、靖江经济红火,也被理论界部分归因于三泰、靖江地区远离了扬州大市的长臂管辖。前几年高邮湖西经济的繁荣,很多企业家都认为跟高邮市政府由于没有通往湖西的公路,因此管理上放松,很难乱作为有关。现在,我们有了电子政务,企业行为事无巨细全在政府的掌握之中,究竟哪些能作为、哪些不能作为、哪些是乱作为要界定清楚。有些对企业行为的管理,大的规划出来后,具体施行时宜粗不宜细。这样才能激发企业创业创新的动力。

扬州虽然已经按照中央要求部署了相关体制改革,精简压缩机构,但是原机构的相应事权并没有取消,很多不该有的审批、检查等依旧存在。扬州有必要进一步实质性地开展体制改革,进一步放开经济行为的自由度,取缔一切繁文缛

节对经济的权力干预。在经济领域要倡导企业家们、创业者们法无禁止即自由，最终为民营经济松绑，放水活鱼、休养生息，让产业链与创新链自由延伸、自然融合。

8.9 进行融合引导，搭建专业性研发创新平台

扬州有必要借鉴欧美发达国家双链融合发展的经验，在两个方面做文章。

一是政府投资在高校建立高水平实验室，引进高水平研究团队人才，或者出台政策鼓励民间资本专门性成立大的专业（行业）研发中心。要打破小微企业、初创企业的个体研发模式，减轻这些企业的科技研发压力。把小微企业、初创企业的相关研发任务，通过研发订单汇集到专业的实验室、研发中心，让专门的研发团队做专门的行业甚至全产业链研发工作。这样既能大幅度提高研发效率，还能大幅度降低企业自我研发时的研发成本，缩短研发时间，提高研发成功率。这种研发模式实际上也是一种"共享经济"，若干同类型企业在共享一个高水平研发中心、实验室的"研发环节"。

二是积极支持、参与有条件的大企业创建自己的具有国内国际领先的个性化研发中心。这种研发模式在国际大企业中比较常见，通常局限在严格的技术保密单位或领域，如华为研发中心、通用技术研发中心等。

扬州要真正落实产业链和创新链的双链融合，必须跳出扬州看扬州。政策上要超前、要大胆有创意，要能立足长三

8. 结论和对大城市（扬州）推动双链融合发展的政策建议

角，放眼全球的产业竞争和创新经济。地方经济的竞争，最核心的部分还是政府发展经济模式、治理模式的政策之间的竞争。

参考文献

[1] 童长江. 关于中等城市建设创新型城市的几点思考 [J]. 黄冈职业技术学院学报 ,2007(01):61-63.

[2] 孙进, 林世爵. 世界创新舞台上的广东身影——从全球视角看广东区域创新发展 [J]. 广东科技 ,2019,28(12):20-24.

[3] 滑云龙，殷焕举. 创新学 [M]. 中国农业大学出版社出版，2006-06.

[4] 吴维亚，吴海云. 创新学 [M]. 东南大学出版社，2008-12-01.

[5] 肖文圣. 我国创新驱动战略及驱动力研究 [J]. 改革与战略，2014.30(247).

创新生态附表

1. 已建成科技产业综合体情况表

序号	综合体名称	地区	入驻企业总数	入驻企业销售收入（亿元）	入驻企业入库税收（亿元）	高新企业总数
1	宝应科技创业园	宝应县	122	7.29	0.24	2
2	宝应软件信息产业科技综合体	宝应县	97	3.47	0.39	2
3	高邮市科技产业园	高邮市	133	5.54	0.85	5
4	高邮高新区光电科技产业综合体	高邮市	21	0.05	0.08	0
5	高邮市城南经济新区科技产业综合体	高邮市	170	2.76	0.04	0
6	仪征科技创业园	仪征市	142	25.06	0.51	9
7	大众广场	仪征市	58	0.98	0.15	0
8	江都软件产业科技综合体	江都区	77	6.22	0.19	6
9	天雨环保节能科技产业园	江都区	47	2.28	0.14	1
10	扬州市智汇科技综合体	江都区	31	1.04	0.39	1
11	仙城工业园科技产业综合体	江都区	95	0.67	0.02	1
12	智能装备科技园	邗江区	376	11.22	0.53	21
13	西区职大南科技产业综合体	邗江区	177	4.14	0.08	1
14	金荣扬州科技园	邗江区	90	2.58	0.11	3
15	税友软件园	邗江区	5	0.36	0.02	0
16	甘泉生态科技园	邗江区	50	2.48	0.17	3
17	通安科技园	邗江区	52	2.99	0.09	1
18	扬州·邗江互联网产业园	邗江区	85	2.42	0.07	0

续表

序号	综合体名称	地区	入驻企业总数	入驻企业销售收入（亿元）	入驻企业入库税收（亿元）	高新企业总数
19	江苏信息服务产业基地	广陵区	450	15.45	0.67	15
20	广陵经济开发区科技产业综合体	广陵区	137	11.06	0.46	9
21	食品科技园	广陵区	78	1.11	0.3	0
22	扬州创新中心	广陵区	28	0.22	0.007	1
23	环球金融城	广陵区	84	2.17	0.19	0
24	扬州智谷	开发区	285	44.15	1.18	13
25	西安交大科技园	开发区	76	7.14	0.09	2
26	开发区科技园	开发区	3	5.3	0.09	0
27	杭集科技产业综合体	生态科技新城	78	1.32	0.05	0
28	扬州软件园双创基地	生态科技新城	62	0.44	0.006	0

2. 2020年在建科技产业综合体情况表

序号	名称	地区	投资主体	完成时限	2020年进度	面积（万m²）
1	上海"四新"产业孵化园	江都	江都经济开发区	2023年	部分投入使用	15
2	金山文创科技产业园	仪征	仪征市大仪镇	2019年	部分投入使用	20
3	金奥中心科技产业综合体	江都	龙川产业发展有限公司	2019年	主体竣工	20
4	联创扬州软件园	邗江	扬州联创软件园置业有限公司	2021年	部分竣工	40
5	扬州软件园科创基地项目	生态新城	扬州软件园有限公司	2019年	企业装修入驻	5.6
6	扬州缤格科技产业综合体	开发区	扬子江世贸房地产开发有限公司	2019年	企业装修入驻	10.3

3. 在建科技产业综合体情况表

序号	名称	地区	投资主体	完成时限	进度	面积（万m²）
1	龙川之窗科技产业综合体	江都区	中集集团	2022年	开工建设	35
2	启迪科技园	邗江区	江苏启迪科技园发展有限公司	2022年	开工建设	7.5
3	智慧市政与绿色建造产业总部基地	邗江区	江苏省建筑工程集团	2022年	开工建设	18
4	笛莎智慧大厦	邗江区	笛莎公主文化创意产业有限公司	2021年	开工建设	3
5	美微科电商总部	邗江区	扬杰电子科技股份有限公司	2021年	开工建设	2.5
6	奥力威汽车零部件研发总部	邗江区	奥力威传感高科股份有限公司	2021年	开工建设	2.5
7	华商会总部大厦暨华人华侨创业基地	广陵区	扬州华商会	2020年	开工建设	12
8	扬州软件园一期项目	生态新城	扬州软件园有限公司	2022年	开工建设	26
9	中小企业创业园	开发区	扬州经济技术开发区开发总公司	2021年	开工建设	2.87
10	智谷综合体三期	开发区	扬州经济技术开发区开发总公司	2020年	开工建设	5.8

4. 拟建科技产业综合体项目选址及产业定位

序号	名称	位置	占地面积（亩）	产业定位
1	邗江区科技产业园科技综合体	西至真州路、南至宁启铁路、北至双墩路、国防路	370	按照产城融合发展的理念，拟建设一座科技产业园区，打造以车联网产业为主导，以"互联网+环保"产业为辅助，以科技教育为支撑"一主一辅一支撑"的科技产业园区
2	扬子津科教园科技综合体	东至古运河、南至邗江河路、西至邗江南路、北至广陵学院	400	按照产学研融合发展的理念，拟建设一座科技产业集聚区，依托周边高校资源及高新园区资源，打造新兴技术产业集聚区
3	智谷科技综合体	东至扬子江路、南至横二路、西至智谷一期、北至横一路	97	智谷二期、三期未来计划打造复合型生产服务集聚区；现代化产业转型示范区；智慧型科技创新先导区
4	蒋王核心区科技综合体	琴台东街与琴台西街围合范围	30	打造集团总部经济区和现代制造服务贸易区。目前笛莎、扬杰电子、奥力威等企业已进驻该区域
5	广陵新城科技综合体	东至福康路、南至健民路、西至临湾路、北至文昌路	257	引入科技型业态，建设集商务办公、现代服务业为一体的特色科技综合体
6	生态科技新城高铁站科技综合体	东至站东路、南至文昌东路	108	依托综合交通枢纽，规划以总部经济为核心，以高端商务商贸和现代物流为重点，以会展、商业等为特色，以"科创产业+文创产业"为主导，集聚产业创新要素，布局未来产业，打造新型科技综合体

续表

序号	名称	位置	占地面积（亩）	产业定位
7	生态科技新城科技综合体	西至站东路、北至文昌东路	120	布局双创孵化展示区、科教资源承载区、科技金融及海外资源承载区、互联网+软件信息研发区四大板块
8	江都区三河六岸区域科技综合体	南至文昌东路，东至建都路，西、北紧邻芒稻河	215	该地块位于扬州东部副中心的商业商务中心功能板块，是扬州主城进入江都的桥头堡区域，是江广融合区核心板块，也是江都区重点打造的三河六岸区域

5. 人才数据目标一览表

序号	指标名称	指标类型	2018年基数	2019年存量	2020年指导性目标	2021年指导性目标
1	全市人才总量	当年数	85万人	92万人	100万人	108万人
2	高层次人才占人才资源总量比例	当年数	7.6%	7.7%	7.8%	7.9%
3	在校大学生规模	当年数	7.9万人	8万人	9万人	10万人
4	建成省部级以上重点实验室	累计数	35个	36个	37个	38个
5	建成国家级专精特新民企"小巨人"	累计数	0	3个	4个	5—10个
6	新增在扬就业创业本科以上大学生	当年数	1.5万人	1.5万人	1.5万人	1.5万人
7	新增柔性引进"高精尖缺"海外工程师	当年数	0	100人	100人	100人
8	建成省外国专家工作室	累计数	18个	21个	25个	30个
9	重点培养领军型企业家	累计数	200名	300名	400名	500名
10	重点培养科技企业家	累计数	200名	300名	400名	500名
11	重点培养新生代企业家	累计数	200名	300名	400名	500名
12	高技能人才数量	当年数	24万人	25万人	26万人	27万人
13	建成海外离岸创新站点	累计数	0	5个	7个	10个

6. 2020年金融助力创新城市建设项目清单

序号	项目名称	完成时限	责任单位
1	打造资产规模超百亿的国投集团	2020年	财政局、国资委、金融监管局、市场监管局
2	扬州农商行上市	2022年	金融监管局
3	政银企金融服务平台年内新上涉企信息供数单位3家,确保上线企业数量达1万家,纯线上、纯信用贷款500笔5亿元	2019年	财政局、银保监分局、金融监管局
4	信贷投放考核与财政存款(10亿元)挂钩机制	2020年	财政局、金融监管局、人民银行银保监分局
5	深入开展百名行长服务百家企业活动,切实提高银行机构对民营企业贷款占比,力争贷款增速达到20%。专项组织科创产业银企对接活动,提高科创产业服务的针对性和实效性	2019年	银保监分局、人民银行、金融监管局
6	注册10亿元以上政策性融资担保公司1家	2020年	财政局、金融监管局、各县(市、区)、功能区
7	设立3000万元融资担保资金池	2020年	财政局、金融监管局
8	动态培育重点上市后备企业30家,加快推进上市挂牌工作	2019年	金融监管局
9	力争实现企业上市挂牌5家	2019年	金融监管局

7. 扬州高水平实验室建设重点目标一览表

类别	序号	实验室名称	建设单位/合作单位
引进	1	电磁与光学隐身国防科技重点实验室	中航601所、东南大学、赛博公司
	2	液态金属实验室	清华大学、中科院理化所
	3	航空发动机复合材料风扇叶片实验室	先进航空发动机协同创新中心、上海交大航发研究院
	4	扬芯半导体激光实验室	中科院长春光机所
	5	MEMS实验室	清华大学
	6	化工新材料研究院	清华大学
	7	香港城市大学扬州先进材料实验室	香港城市大学
	8	高灵敏度病原体快速诊断医学实验室	澳门大学
	9	绿色气体利用技术与智能装备重点实验室	华东理工大学
	10	工业互联网技术及应用实验室	中科院自动化所
	11	人工智能产业研究院	南洋理工大学
	12	机器人实验室	哈尔滨工业大学
	13	智能视觉实验室	中科蓝海
	14	探测与对抗技术国防科技实验室	中船重工723所
	15	VDE检测认证实验室	德国电气电子和信息技术协会
合作共建	1	生猪产业实验室	扬州大学/光明集团
	2	江豚保护实验室	扬州大学/中科院武汉水生所、水科院无锡淡水中心
	3	荣德实验室	荣德新能源/浙江大学
	4	智慧城市空间大数据实验室	智途科技/武汉大学
	5	智慧城市应用研究实验室	易图地信/武汉大学
	6	新能源汽车动力系统与整车集成实验室	九龙汽车/中国汽车技术研究中心
	7	宽禁带半导体材料与器件实验室	扬杰电子/北京大学、扬州大学

续表

类别	序号	实验室名称	建设单位/合作单位
独立建设	1	江苏省先进成形技术与智能装备重点实验室	扬力集团
	2	江苏省车载高压储氢系统重点实验室	亚普汽车部件
	3	智能化饲料加工装备技术实验室	牧羊控股
	4	烯烃绿色催化环氧化实验室	扬农化工
	5	环氧乙烷及衍生新材料实验室	奥克化学
	6	重大疾病药物工程实验室	联环药业
	7	绿色农业资源创新与应用实验室	里下河农科所
	8	先进半导体信息技术重点实验室	中科院扬州中心
	9	绿色智能化饲料加工装备实验室	丰尚科技